CANGUILHEM
PHILOSOPHE DU VITAL

À LA LIBRAIRIE VRIN

Georges CANGUILHEM, *La connaissance de la vie*, « Bibliothèque des Textes Philosophiques – Poche », 1992, 2025.

GEORGES CANGUILHEM À LA LIBRAIRIE VRIN

La formation du concept de réflexe aux XVIIe *et* XVIIIe *siècles,* Paris, P.U.F., 1955 ; rééd. Paris, Vrin, 1977.

Études d'histoire et de philosophie concernant les vivants et la vie, Paris, Vrin, 1968.

Idéologie et rationalité dans l'histoire des sciences de la vie, Paris, Vrin, 1977.

Réédition, avec une *Préface*, des *Leçons sur les phénomènes de la vie communs aux animaux et aux végétaux* de Claude Bernard, Paris, Vrin, 1966.

ŒUVRES COMPLÈTES

– tome I, *Écrits philosophiques et politiques, 1926-1939*, édité sous la direction de J.-F. Braunstein et Y. Schwartz, Paris, Vrin, 2011.

– tome II, *Écrits de médecine et de philosophie. Les thèses*, édité sous la direction de Cl. Debru et A. Fagot-Largeault, Paris, Vrin, 2021.

– tome III, *Écrits d'histoire des sciences et d'épistémologie*, édité par C. Limoges, Paris, Vrin, 2019.

– tome IV, *Résistance, philosophie biologique et histoire des sciences 1940-1965*, édité par C. Limoges, Paris, Vrin, 2015.

– tome V, *Histoire des sciences, épistémologie, commémorations 1966-1995*, édité par C. Limoges, Paris, Vrin, 2018.

– tome VI, *Écrits philosophiques complémentaires, conférences publiques, lettres choisies*, édité par C. Limoges et P. O. Méthot, Paris, Vrin, 2025.

BIBLIOTHÈQUE D'HISTOIRE DE LA PHILOSOPHIE

Fondateur Henri GOUHIER Directeur Emmanuel CATTIN

Laurent LOISON

CANGUILHEM
PHILOSOPHE DU VITAL
lire *La connaissance de la vie*

PARIS
LIBRAIRIE PHILOSOPHIQUE J. VRIN
6 place de la Sorbonne, V^{e}
2025

Imprimé en France

ISSN 1968-1178

ISBN 978-2-7116-3237-4

www.vrin.fr

INTRODUCTION

Pour qui n'a jamais lu un texte du philosophe français Georges Canguilhem (1904-1995), l'exercice peut être déconcertant. D'abord parce que les formulations ne sont pas simples et suggèrent toujours une pluralité d'interprétations. On peut lire et relire une langue ciselée dont on soupçonne l'importance sans pour autant parvenir à percer les mystères qui s'y cachent. À tel point que certains passages sont demeurés fameux dans les cénacles philosophiques, comme celui-ci :

> Travailler un concept c'est en faire varier l'extension et la compréhension, le généraliser par l'incorporation de traits d'exception, l'exporter hors de sa région d'origine, le prendre comme modèle ou inversement lui chercher un modèle, bref, lui conférer progressivement, par des transformations réglées, la fonction d'une forme [1].

Il ne faut pas y voir un jeu gratuit dont la langue serait le terrain. Il y a bien systématiquement chez Canguilhem une intention. La forme est mise au service du fond car il s'agit d'exprimer le plus de choses possible en faisant usage d'un minimum de mots. L'objet canguilhémien est

1. G. Canguilhem, « Dialectique et philosophie du non chez Gaston Bachelard », dans *Études d'histoire et de philosophie des sciences concernant les vivants et la vie*, Paris, Vrin, 1968 (2002), p. 196-207, p. 206.

de ce fait tout à la fois dense et allusif. Il demande un patient travail afin de déplier les différents niveaux de sens que l'auteur s'est plu à entrelacer. Il y a toujours ce qu'un texte semble dire à première vue, ce dont il parle, et ce qu'il souhaite montrer au bout du compte[1]. Dans « Le vivant et son milieu », une des études de *La connaissance de la vie*, on pourrait croire qu'il est question de l'histoire du concept de milieu. Chemin faisant, on comprend que l'intention est ailleurs, non pas prioritairement du côté de l'histoire mais plutôt de celui de la philosophie voire de l'éthique et de la politique. En bref, lire Canguilhem est tout sauf simple. C'est à coup sûr un effort sinon une épreuve. L'objet du présent livre est de montrer que l'effort en vaut la peine.

Car *La connaissance de la vie* est peut-être l'ouvrage le plus stimulant de Canguilhem. L'œuvre de ce dernier a longtemps été cantonnée à cinq livres seulement, sa thèse de médecine (*Le normal et le pathologique*, 1943), sa thèse de philosophie (*La formation du concept de réflexe aux* XVII*e et* XVIII*e siècles*, 1955) ainsi que trois recueils d'articles, parmi lesquels *La connaissance de la vie*. Celui-ci connut une première édition en 1952 (chez Hachette) puis une édition enrichie et définitive à compter de 1965 (désormais chez Vrin). C'est l'édition de 1965 qui sert ici de référence, dans la publication en format poche dont la première parution date de 1992. Comme les titres l'indiquent déjà, les terrains arpentés peuvent paraître surprenants et concernent davantage la médecine, la biologie et l'histoire des sciences plutôt que la

1. Xavier Roth a très bien exprimé cette caractéristique des écrits canguilhémiens : X. Roth, *Georges Canguilhem et l'unité de l'expérience, Juger et agir 1926-1939*, Paris, Vrin, 2013, p. 12.

philosophie proprement dite. C'est que Canguilhem a mis en pratique une de ses célèbres maximes, celle stipulant que, pour la philosophie, « toute matière étrangère est bonne », précisant aussitôt que « toute bonne matière doit être étrangère »[1]. Il est donc bien un philosophe, mais un philosophe qui a régulièrement cherché en dehors de la philosophie des « matières étrangères » afin de nourrir sa réflexion.

C'est bien pour cette raison, pour s'extraire de l'enseignement des systèmes philosophiques (Platon, Kant, Hegel), qu'il fit le choix d'entreprendre des études de médecine au cours de la période 1936-1943. La médecine le conduisit à la biologie, puis ensuite à l'histoire des sciences. C'est d'ailleurs comme historien des sciences qu'il demeure le plus connu actuellement. Canguilhem fut, avec Gaston Bachelard (1884-1962) et Michel Foucault (1926-1984), l'un des grands théoriciens de l'« épistémologie historique », une certaine manière de lier l'histoire et la philosophie des sciences. C'est en tant qu'historien des sciences qu'il fut recruté à la Sorbonne en 1955 et qu'il assura la direction de l'Institut d'histoire des sciences et des techniques de la rue du Four à Paris.

Pourtant, si son legs, plus particulièrement du côté de la méthode en histoire des sciences, est tout à fait considérable, Canguilhem n'a jamais été prioritairement un historien des sciences. D'un bout à l'autre, il est demeuré ce philosophe à la recherche de matières étrangères. *La connaissance de la vie* n'est donc pas un livre d'histoire des sciences. Celle-ci est mise au service d'une tâche

1. G. Canguilhem, *Le normal et le pathologique*, Paris, Presses Universitaires de France, 1966 (2003), p. 7. Dans les notes suivantes, ce livre est référencé comme « N&P ».

authentiquement philosophique : réfléchir à la nature de la vie, et aux conditions de possibilité d'une science capable de révéler cette nature.

En cela, *La connaissance de la vie* constitue l'instanciation la plus accomplie du grand projet de Canguilhem, projet plusieurs fois contrarié comme nous le verrons. À partir du début des années 1940, à la faveur de ses études de médecine, c'est une forme de « philosophie biologique » qui habite son travail, dans le sens d'une réflexion générale sur la spécificité de la vie et sur les défis que la vie pose à la raison. Au tournant des années 1950, cette réflexion est déjà largement avancée et a donné lieu à l'écriture de plusieurs textes parmi les plus importants de toute son œuvre. Ce sont six de ces textes qu'il compile en 1952 dans la première édition de *La connaissance de la vie*, enrichie treize ans plus tard par une étude sur « La monstruosité et le monstrueux ».

Cette réflexion sur la vie est tout sauf simple, car elle entrelace systématiquement des considérations philosophiques, historiques, mais aussi éthiques et politiques à propos des connaissances effectives sur la vie et, plus fondamentalement, de la possibilité de produire de telles connaissances. Dans quelle mesure la vie est-elle appréhendable par la science ? Peut-il y avoir une authentique connaissance de la vie, comme il existe une connaissance de la matière et de ses mouvements ? Ou bien alors, suivant Bergson, faut-il s'en tenir à la seule intuition et abandonner le projet d'une compréhension scientifique de ce qui fait la vitalité de la vie ? Voilà les questions principales qui traversent les études rassemblées dans ce recueil.

Il ne faudrait pas y voir les interrogations d'un mystique conférant à la vie un pouvoir spécial qui la rendrait, par principe, inconnaissable pour la science. Bien au contraire, Canguilhem est un philosophe rationaliste, formé à la médecine, au courant de la science, et de ce fait conscient qu'une conception trop rigidement mécaniste de celle-ci risque de manquer ce qui fait l'originalité du vital. Il faut lire ses préventions comme un appel à la prudence : il n'est pas certain que les organismes vivants soient, strictement parlant, seulement des mécanismes, c'est-à-dire des agencements qui, à la manière d'une horloge, fonctionnent selon les principes de la poulie, du ressort ou du levier. Ou, pour le dire d'une manière différente, malgré les succès évidents du mécanisme en biologie (le cœur est bien une pompe foulante et aspirante et non le siège de l'âme), il y a un intérêt, pour la philosophie *et* pour la science, à ne pas réduire la biologie à une physique appliquée à certaines classes d'automates, les êtres vivants.

Ce livre se veut un guide pour aider le lecteur à s'orienter dans les méandres d'une philosophie biologique qui, bien qu'elle anime de part en part *La connaissance de la vie*, n'est nulle part exposée pour elle-même de manière un tant soit peu systématique. En cela, elle demande un effort de reconstruction. Pour ce faire, nous procéderons en deux temps. Dans une première partie, il s'agira d'expliciter autant que possible le contenu le plus significatif des textes du recueil. C'est à coup sûr une entreprise périlleuse, tant chacune de ces études peut se prêter à de multiples lectures. Cette première partie est donc d'orientation analytique : les textes y sont étudiés au fil de l'argumentation qu'ils déploient, en gardant à l'esprit qu'ils ont été élaborés par Canguilhem pour se suffire à eux-mêmes.

Dans une seconde partie, c'est une perspective cette fois-ci synthétique qui est privilégiée. Les principales thèses développées dans *La connaissance de la vie* étant désormais identifiées, comment convient-il de les comprendre ? Et, le cas échéant, peut-on espérer les articuler pour mieux saisir les contours et la portée de cette philosophie biologique ? Pour ce faire, ces thèses sont éclairées à la lumière d'un double contexte, celui de la philosophie (et de l'histoire de la philosophie) puis celui de la biologie (et de l'histoire de la biologie). Cela nous permettra, dans un dernier chapitre, de tenter ce que Canguilhem, en partie pour des raisons contingentes, ne s'est pas essayé à faire : un exposé synthétique de cette philosophie biologique qui doit d'abord être comprise, comme une « critique de la raison biologique »[1], au sens kantien du terme.

Cette étude introductive est largement redevable aux nombreux travaux consacrés à l'œuvre de Canguilhem depuis une quinzaine d'années. En effet, après une période de vaches maigres durant laquelle l'épistémologie historique a été vouée aux gémonies par les tenants d'une histoire sociale des sciences, on assiste, depuis le début des années 2010, à un essor sans précédent des études canguilhémiennes. Ce renouveau est la conséquence de la mise à disposition des archives de Canguilhem et de l'édition progressive de ses œuvres complètes, entreprise de longue haleine toujours en cours. Il en a résulté une profonde transformation de l'image qu'on pouvait se

1. Nous empruntons cette expression à Camille Limoges : C. Limoges, « Épistémologie historique et histoire épistémologique des sciences chez Georges Canguilhem », dans *Œuvres complètes, Tome III*, Paris, Vrin, p. 7-123, p. 114.

faire du successeur de Bachelard à la Sorbonne, dont ce livre souhaite aussi faire le bilan. Afin de conserver une certaine fluidité de lecture, nous avons cependant fait le choix de réduire au minimum les notes de bas de page. Ce faisant, nous ne payons pas systématiquement notre dette envers les travaux qui ont nourri notre interprétation. C'est pourquoi nous donnons à la fin de cet ouvrage une bibliographie sélective qui expose les sources qui nous ont été les plus précieuses et qui peuvent permettre de poursuivre le chemin. Ce livre aurait alors atteint son objectif, celui de transmettre le sentiment de la nécessité de Canguilhem.

PREMIÈRE PARTIE

PERSPECTIVE ANALYTIQUE

Cette partie a pour but de donner un premier aperçu du contenu du livre. Pour ce faire, nous suivrons, à une exception près, l'ordre de composition du recueil en analysant successivement chacun des chapitres que Canguilhem a groupés en trois sections de tailles inégales : « Méthode » (un texte), « Histoire » (un texte) et « Philosophie » (cinq textes). Notre manière de faire trouve au moins deux justifications. D'une part *La connaissance de la vie* est un livre difficile, dont la compréhension nécessite de rendre explicite, autant que faire se peut, ce que l'auteur a contracté au sein d'une argumentation compacte et parfois extraordinairement allusive. D'autre part, bien qu'une inspiration homogène traverse effectivement l'ensemble du livre – celle d'une philosophie biologique attachée à ne pas trahir l'originalité du processus vital –, chaque texte a été écrit pour se suffire à lui-même. Autrement dit, le fait qu'il s'agisse d'une compilation légitime pleinement une approche analytique. Pour chacun des huit textes (les sept chapitres principaux ainsi que l'introduction du recueil), nous donnons, en quelques pages, les idées essentielles qui en forment la trame. La plupart d'entre elles sont intrinsèquement complexes, renvoyant, souvent de manière intriquée, à des questions touchant à la philosophie, à la médecine, à la biologie, mais aussi parfois à l'histoire ou à la politique. L'objectif principal de cette première partie est de parvenir à démêler cet écheveau de significations afin de permettre une compréhension minimale de ce que propose Canguilhem et des enjeux de ses propositions. Par conséquent, dans un premier temps, la mise en contexte est réduite au strict nécessaire. La perspective adoptée est ainsi résolument celle d'une décomposition : paragraphe après paragraphe, que trouve-t-on dans *La connaissance de la vie ?*

Si l'ordre d'étude des textes correspond à l'ordre dans lequel ils se succèdent dans le recueil, il y a cependant une exception à cette manière de faire. L'introduction du volume, « La pensée et le vivant », que Canguilhem a rédigée après les autres études (à l'exception de « La monstruosité et le monstrueux »), est analysée non pas au début, mais à la fin de cette première partie. Ceci tient essentiellement au fait qu'il est bien plus simple d'en comprendre le contenu à la lumière des autres textes plutôt que de la prendre au pied de la lettre, c'est-à-dire pour un exposé liminaire à même d'introduire les sujets dont il sera question dans le recueil. D'ailleurs, notre premier conseil serait d'en faire autant pour ce qui est de l'ordre de lecture lui-même. Mieux vaut terminer par « La pensée et le vivant » afin de s'autoriser à saisir ce que Canguilhem a bien pu vouloir dire lorsqu'il écrit que « pour faire de la biologie, même avec l'aide de l'intelligence, nous avons besoin parfois de nous sentir bêtes »[1].

1. G. Canguilhem, *La connaissance de la vie*, Paris, Vrin, 1965 (1992), p. 16. Dans les notes suivantes, ce livre est référencé comme « LCV ».

CHAPITRE PREMIER

« MÉTHODE » ET « HISTOIRE »

Ce chapitre analyse le contenu des deux premières sections (sur trois) de *La connaissance de la vie*. Ces sections, intitulées « Méthode » et « Histoire », ne contiennent chacune qu'un seul texte, les deux plus longs du livre, respectivement « L'expérimentation en biologie animale » puis « La théorie cellulaire ». Par comparaison, la troisième et dernière section, dont le titre est « Philosophie », ne regroupe pas moins de cinq des sept textes du recueil. Ce déséquilibre indique d'emblée où se situe l'attention de Canguilhem au tournant des années 1940 et 1950. Non pas du côté de la philosophie des sciences (« Méthode ») ou de l'histoire des sciences (« Histoire »), mais très clairement du côté d'une réflexion philosophique sur la vie (« Philosophie »).

Pour autant, même dans les deux premiers textes du volume, comme nous allons le voir, ce qui intéresse l'auteur est déjà la question de l'originalité du processus vital. Simplement, au lieu de l'aborder de front, c'est presque incidemment qu'il la travaille, d'abord à, l'occasion d'une réflexion sur les limites de l'expérimentation en biologie, puis, de manière plus indirecte encore, à la faveur d'une étude érudite sur la façon dont la théorie cellulaire a permis de concevoir la nature de l'individualité biologique.

Aussi bien, il ne faut pas lire ces textes de manière rétrospective, en ayant à l'esprit la carrière ultérieure de leur auteur, quand, à compter du mitan des années 1950, Canguilhem deviendra un historien des sciences internationalement reconnu. Si certes les références historiques abondent déjà, son projet n'est pas celui de l'histoire, même épistémologique. Dix ans avant qu'il ne devienne directeur de l'Institut d'histoire des sciences et des techniques, son intention est fondamentalement philosophique et touche à la spécificité, au regard des sciences physico-chimiques, du processus vital. Quelle est la conséquence de cette spécificité quant à la possibilité d'une connaissance scientifique de la vie ? Plus encore, l'acte de connaître ne serait-il pas lui-même propre à la vie, inscrit dans le vivant d'une manière ou d'une autre ?

L'EXPÉRIMENTATION EN BIOLOGIE ANIMALE

Ce texte forme donc à lui seul la première des trois parties du recueil, celle intitulée « Méthode ». Il reprend en l'approfondissant le contenu d'une conférence donnée en 1951. Du début à la fin, Canguilhem y établit un dialogue avec l'œuvre du physiologiste Claude Bernard, qui fut une référence constante sous sa plume depuis le début des années 1940. Afin de bien comprendre l'argumentation et les enjeux de ce texte, il est nécessaire de commencer par rappeler les principaux apports bernardiens à la science ainsi qu'à l'épistémologie.

Quelques indications sur la physiologie expérimentale bernardienne

Claude Bernard (1813-1878), qui effectua presque toute sa carrière dans les murs du Collège de France, a été une des grandes figures des sciences de la vie au XIXe siècle, au même titre que Charles Darwin ou Louis Pasteur. Ses travaux, souvent réalisés dans des conditions matérielles difficiles, ont ouvert la voie à de nombreuses découvertes en physiologie animale et, partant, ont été déterminants dans la genèse de la médecine moderne. Entre autres choses, on doit à Claude Bernard d'avoir identifié la fonction digestive de la vésicule biliaire ainsi que celle du pancréas, ou bien encore d'avoir élucidé le mode d'action du curare, un anesthésiant naturel. Ce pour quoi il demeure le plus connu reste toutefois ses travaux sur le rôle physiologique du foie. À l'aide d'une série d'expérimentations très ingénieuses, Bernard est parvenu à comprendre que le sucre présent dans le sang n'est pas directement issu de la digestion des aliments, mais que sa concentration est maintenue à peu près constante par l'activité du foie, capable de stocker ou de sécréter du sucre. Cette découverte le conduira à proposer un nouveau concept, celui de « milieu intérieur ». Contrairement à l'évidence, ce qui est proprement vivant chez un organisme, ses cellules, ne vivent pas directement au contact du milieu de l'animal (son milieu « extérieur »). Elles sont baignées par des liquides organiques (le sang, la lymphe, etc.) qui forment comme un espace tamponné entre l'extérieur et l'intérieur. Par conséquent, la vie d'un organisme (en tout cas d'un organisme animal) est directement liée à la capacité de celui-ci de maintenir constant son milieu intérieur.

À côté de ses découvertes et de la manière dont il les interpréta, Claude Bernard demeure connu pour les moyens grâce auxquels il parvint à les réaliser et par la théorie qu'il en donna. Ces moyens, ce sont ceux de l'expérimentation biologique, qu'il pratiqua avec une dextérité manuelle et une rigueur sans équivalent à son époque. C'est lui qui installa de manière définitive la vivisection en physiologie. Dans la mesure où la physiologie est la science des fonctions biologiques, il est indispensable de travailler directement au contact d'organismes toujours en train de vivre. C'est la seule manière de comprendre que, par exemple, le sucre sanguin provient du foie, qu'il est une « sécrétion interne ».

La frénésie vivisectionniste de Bernard, qui tous les jours était présent au laboratoire, finira par avoir raison de sa santé. Durant de longs mois, au tournant des années 1860, il sera contraint au repos dans sa maison de Saint-Julien, près de Lyon. C'est là, à l'écart de la science parisienne, qu'il rédige l'essentiel d'un traité où il tente, rétrospectivement, d'expliciter la manière dont il s'y est pris pour réussir à produire une telle moisson de découvertes. En 1865, cette sorte d'auto-analyse épistémologique paraît sous le titre *Introduction à l'étude de la médecine expérimentale*. L'accueil de ce livre sera d'emblée considérable du côté des philosophes, qui y voient, selon le mot célèbre de Bergson, rien de moins qu'un discours de la méthode pour les sciences de la vie. À tel point que l'ouvrage rentre au programme de philosophie du baccalauréat dès les dernières années du XIXe siècle.

Canguilhem, pur produit de l'école républicaine, lui-même longtemps enseignant de philosophie[1], connaît

1. Voir le chapitre 4, p. 139 *sq*.

parfaitement les principaux écrits de Claude Bernard au moment où il rédige ce texte. Quelques années auparavant, c'est déjà la physiologie bernardienne qu'il prenait à parti quand il affirmait, dans sa thèse de médecine, l'irréductibilité du pathologique au normal[1]. Bien après 1952 et la parution de *La connaissance de la vie*, il poursuivra son dialogue avec Claude Bernard, probablement le biologiste le plus central pour sa philosophie biologique[2].

Le milieu intérieur comme exemple d'un concept « proprement biologique »

À la lumière de ces quelques indications, c'est donc tout sauf une surprise de voir que Bernard est son interlocuteur principal dans « L'expérimentation en biologie animale ». Dans ce texte, Canguilhem aborde les deux versants de l'œuvre bernardienne, son versant conceptuel et son versant méthodologique-épistémologique. Il donne ici, toutefois, plus de poids au second qu'au premier, comme en témoigne le titre qu'il a retenu. Comme souvent, dans une langue particulièrement travaillée, l'auteur entrelace ces deux dimensions. Par souci de clarté, nous les distinguons dans les paragraphes qui suivent, ce qui ne reflète pas l'économie du texte.

Pour ce qui est du versant conceptuel, Canguilhem crédite Bernard d'avoir produit un des premiers « concepts proprement biologiques »[3], celui de milieu intérieur. Que faut-il entendre par là ? Il faut comprendre qu'il sait gré

1. Voir le texte « Le normal et le pathologique » analysé au chapitre 2, p. 96 *sq*.

2. Sur ce point, voir en particulier les développements du chapitre 5, p. 168 *sq*.

3. LCV, p. 25.

au physiologiste du Collège de France d'avoir élaboré une rationalisation qui non seulement n'altère pas l'originalité du vivant mais qui au contraire la souligne et la spécifie. Dans cette étude, ce qui est visé, c'est toute connaissance de la vie qui conduirait à annuler la spécificité du vital. L'auteur note que, durant longtemps, les concepts que l'on pourrait dire « protobiologiques » ou « prébiologiques » (aucun de ces termes n'est employé par Canguilhem) étaient d'inspiration mécaniste ou finaliste, qu'ils lorgnaient du côté de la technique humaine, et que par conséquent ils manquaient systématiquement leur objet.

À l'appui de cette thèse, il prend l'exemple du concept d'« irrigation sanguine », concept qui s'apparente à une importation directe, dans le champ de la physiologie, d'un procédé de technique agricole. En identifiant les tissus du corps humain à un sol et le sang à un liquide nourricier, au sens agricole, la physiologie antique et médiévale, celle héritée de Galien (129-201), ne faisait pas autre chose que de poser un obstacle à la connaissance de la vie. Il aura fallu toute l'ingéniosité expérimentale de William Harvey (1578-1657), au début du XVIIe siècle, pour substituer à un concept technique, celui d'irrigation, un concept « proprement biologique », celui de circulation :

> On voit comment la découverte de la circulation du sang c'est d'abord, et peut-être essentiellement, la substitution d'un concept fait pour « cohérer » des observations précises faites sur l'organisme en divers points et à différents moments, à un autre concept, celui d'irrigation, directement importé en biologie du domaine de la technique humaine. La réalité du concept biologique de circulation présuppose l'abandon de la commodité du concept technique d'irrigation[1].

1. LCV, p. 27.

À quoi reconnaît-on un concept « proprement biologique » ? À ceci qu'il doit, en premier lieu, refléter l'activité organique elle-même, et non d'abord la logique humaine. Or, il y revient ici, ce que l'on tient du vivant, c'est d'abord qu'il existe sous la forme d'individus. Un concept biologique se doit donc de respecter l'irréductible individualité des vivants, ce que font effectivement et le concept de circulation sanguine (Harvey) et celui de milieu intérieur (Bernard).

À cette réflexion sur la nécessaire spécificité des concepts physiologiques, où se mêlent les considérations descriptives (ce que nous dit l'histoire de la physiologie) et normatives (ce que devrait être la conceptualisation en physiologie), Canguilhem articule étroitement une interrogation plus développée sur la manière dont on s'y est pris pour produire de tels concepts. C'est là qu'il traite le sujet qu'il s'est donné, celui de l'expérimentation en biologie animale, en prenant une nouvelle fois largement appui sur les textes bernardiens, et en particulier sur l'*Introduction à l'étude de la médecine expérimentale.*

Les obstacles à l'expérimentation en biologie animale

Il n'est pas simple de résumer l'argumentation canguilhémienne sur ce point, pourtant le plus central de ce premier texte. En effet, les thèses les plus originales sont données en quelques formules fortes (mais lapidaires) dès les premiers paragraphes, alors que la seconde moitié du chapitre s'apparente davantage à un commentaire de l'*Introduction.* Nous allons donc, dans les lignes à venir, prendre à rebours l'ordre du texte pour rendre plus aisément compréhensible ce que l'auteur a voulu signifier.

Canguilhem l'indique d'emblée, l'originalité de l'*Introduction* ne se trouve pas dans la première partie du livre (« Du raisonnement expérimental ») mais dans les deux suivantes (« De l'expérimentation chez les êtres vivants » et « Applications de la méthode expérimentale à l'étude des phénomènes de la vie »). Ce jugement est effectivement tout à fait fondé : dans la première partie de son ouvrage, Claude Bernard reprend à son compte des propositions très générales sur le raisonnement expérimental qui étaient d'expression courante à son époque, comme la distinction entre observation et expérimentation, ou la nécessité d'instituer une expérience témoin. En France, on les retrouve notamment sous la plume du chimiste Michel-Eugène Chevreul (1786-1889), collègue de Bernard au Muséum national d'Histoire naturelle de Paris. La position particulière du problème de l'expérimentation en biologie, Bernard n'y arrive qu'au début de la deuxième partie.

Mais après ce jugement quasi-introductif, donné au tout début du texte[1], Canguilhem choisit de laisser la question en suspens et n'y retourne, de manière détaillée et approfondie, qu'une dizaine de pages plus loin[2]. Créditant Auguste Comte d'avoir anticipé les « restrictions » à appliquer à la méthode expérimentale dans les sciences de la vie, il en vient à expliciter celles-ci. Pour ce faire, Canguilhem ne se contente pas de reprendre les idées principales énoncées par Bernard. Il se les approprie de manière assez substantielle, les reformule, sans pour autant trahir les intentions bernardiennes. Ici encore, pour l'auteur, toute la difficulté vient du fait que les phénomènes

1. LCV, p. 20.
2. LCV, p. 29.

vitaux se déroulent au niveau d'entités matérielles qui sont d'authentiques individus. Or, historiquement, la méthode expérimentale, dans les sciences de la matière, a toujours consisté à décomposer analytiquement la complexité des phénomènes afin de parvenir à des configurations où un unique facteur (causal) était en jeu. Voilà le défi : comment appliquer une méthode analytique à des entités indivisibles, les êtres vivants ? Canguilhem explique :

> La difficulté, sinon l'obstacle, tient dans le fait de tenter par l'analyse l'approche d'un être qui n'est ni une partie ou un segment, ni une somme de parties ou de segments, mais qui n'est un vivant qu'en vivant comme un, c'est-à-dire comme un tout[1].

Cette défiance vis-à-vis de l'expérimentation en biologie n'est pas originale. Dès le début du XIXe siècle, elle avait été plusieurs fois formulée par l'anatomiste Georges Cuvier (1769-1832), puis reprise par Henri-Marie Ducrotay de Blainville (1777-1850), son successeur au Muséum national d'Histoire naturelle dans la chaire d'anatomie comparée. C'est très vraisemblablement en suivant les cours de Blainville que Comte lui-même s'est forgé son opinion : à la physique l'expérimentation, la biologie, elle, devra se contenter de la comparaison comme méthode.

De ce point de vue, c'est plutôt le positionnement de Bernard qui était singulier à son époque. Une singularité que nous ne percevons plus aujourd'hui tant il est admis que la biologie est, de manière évidente, elle aussi, une science expérimentale. Bernard était bien sûr tout à fait conscient des *difficultés* de l'expérimentation en biologie, mais il n'y voyait pas, comme Cuvier et d'autres, des

1. LCV, p. 31.

impossibilités. Ses réussites plaidaient en sa faveur, il lui fallait maintenant, dans l'*Introduction*, thématiser la façon dont il y était parvenu.

L'une de ces difficultés était donc la prétendue indivisibilité des organismes vivants. C'est elle, déjà, que Cuvier avait mise au cœur de sa critique. Pour lui, on ne pouvait décomposer ces indivisibles sans perdre l'essentiel du phénomène à expliquer. Une telle conception de l'individualité des êtres vivants l'avait conduit à formuler sa célèbre loi de « subordination des organes », clef de voûte des inférences paléontologiques qu'il avait été le premier à tenter (telle structure doit en appeler telle autre, que l'on doit donc s'attendre à découvrir dans l'une ou l'autre strate). Ce point demeure important dans l'*Introduction*, mais de manière relativement diffuse. Ce que Claude Bernard met particulièrement en avant, c'est la nécessité, pour l'expérimentateur, de travailler directement au contact du milieu intérieur. Dans ce cas seulement, il parviendra à maîtriser le « déterminisme » des phénomènes, c'est-à-dire à en élucider précisément la chaîne causale.

La lecture qu'offre Canguilhem de l'*Introduction* laisse donc ici volontairement de côté certains aspects pour mettre au premier plan ce qui tient le plus à cœur à cet auteur : la question des enjeux de l'individualité biologique. Il existe donc un écart entre l'intention première de Bernard et celle qui anime Canguilhem. Cela n'a rien de surprenant, car près d'un siècle sépare ces deux textes. Aux alentours de 1850, l'objectif de Claude Bernard, contre les tentations vitalistes de son époque[1],

1. Ce sujet sera approfondi lorsque nous traiterons du texte « Aspects du vitalisme » au chapitre 2, p. 56 *sq*.

était de montrer que l'approche expérimentale était praticable en biologie, quand bien même l'individualité des êtres vivants la rendait difficile. Aux alentours de 1950, le propos de Canguilhem, contre les tentations hégémoniques d'une biologie depuis devenue largement mécaniste et expérimentale, est de mettre en garde contre la négation du vital : la biologie doit préserver l'originalité de la vie, qui vient en partie du fait que les vivants sont des individus. Partant, notre auteur va décliner cinq difficultés principales issues de ce constat. Ces difficultés, qu'il explicite à l'aide de sous-titres pour les quatre premières, sont celles de la « spécificité », de l'« individualisation », de la « totalité », de l'« irréversibilité », et, enfin, celle qui provient du fait que les objets de l'expérimentation, les animaux, sont aussi des sujets.

La « spécificité » est une difficulté qui tient à ce que le biologiste, contrairement au chimiste ou au physicien, travaille sur des objets particuliers, historiquement et géographiquement situés, les espèces. Deux espèces, même proches, divergent nécessairement par une série de caractéristiques, parfois de manière notable. Dans ce cas, comment l'expérimentation pourrait-elle aboutir à la mise en évidence de lois de la nature, c'est-à-dire de généralisations universelles ? La réponse est simple, c'est impossible. Le biologiste doit se contenter de travailler sur des organismes modèles, et la représentativité des organismes choisis (Canguilhem en dresse une liste : le chien, le rat, l'oursin, la drosophile, etc.) est le facteur limitant des généralisations biologiques. Dans les sciences de la vie, l'extrapolation est risquée, et par conséquent échoue régulièrement[1].

1. LCV, p. 32-33.

La deuxième difficulté renvoie à ce qu'il nomme l'« individualisation ». Quand bien même les organismes soumis à l'expérience sont de la même espèce, ont le même âge, les mêmes caractéristiques observables, ils n'en forment pas moins des individus différents. Cette difficulté, bien connue des biologistes, pose problème, en particulier, lorsqu'il faut instituer des expériences témoins. Comment s'assurer que deux organismes soient suffisamment semblables pour que cela ne vienne pas fausser les conclusions ? Canguilhem note que cette difficulté a conduit les généticiens à produire ce qu'ils appellent des lignées pures (des individus sans variation génétique), soit d'authentiques « artefacts »[1] : à force d'autofécondation, il est espéré que la diversité génétique sera abolie, ce qui garantirait la solidité des résultats.

La troisième difficulté, intitulée « totalité », est celle qui intéresse le plus l'auteur et que nous avons déjà discutée à plusieurs reprises : le fait qu'un être vivant est fondamentalement un « tout » qu'il est périlleux de décomposer. À cela s'ajoute la difficulté supplémentaire que des telles individualités changent au cours du temps. Rien ne garantit la permanence de l'organisme au fur et à mesure du traitement expérimental.

La quatrième difficulté explicitée par Canguilhem est celle qu'il désigne par le terme « irréversibilité ». Cela concerne pour l'essentiel la dynamique du développement embryonnaire, c'est-à-dire les étapes qui mènent de la cellule-œuf (résultant de la fusion des gamètes, les cellules reproductrices) à l'organisme adulte. Ces étapes comprennent des phases de multiplication cellulaire et de différenciation cellulaire, qui, au bout du compte, permettent la formation des tissus et des organes. Durant

1. LCV, p. 35.

l'entre-deux-guerres, l'embryologie expérimentale, notamment sur la base de travaux réalisés sur la larve de l'oursin, a permis d'identifier des stades différents au cours de ce processus. Au moins chez certaines espèces, les premières cellules conservent la capacité de redonner un adulte complet et viable. Mais cette « totipotence » (comme on dit aujourd'hui) s'estompe au fur et à mesure des divisions cellulaires de l'embryon. C'est prioritairement cette diminution inéluctable des potentialités des cellules embryonnaires que Canguilhem nomme « irréversibilité ».

Enfin, sans cette fois-ci la désigner par un terme particulier, l'auteur aborde une cinquième et dernière difficulté, celle touchant au fait que les animaux mis en expérience sont des sujets, des entités souvent conscientes d'elles-mêmes. Ce problème devient aigu quand de l'expérimentation sur l'animal on passe à l'expérimentation sur l'homme. Même dans des cas très particuliers, comme celui des maladies incurables, il n'est pas simple, d'un point de vue éthique, d'autoriser de telles pratiques qui réduisent l'homme à un « instrument »[1].

S'inspirant (parfois assez librement) du contenu (mais pas de tout le contenu) des deuxième et troisième parties de l'*Introduction à l'étude de la médecine expérimentale*, Canguilhem retient donc cinq dimensions de l'individualité des vivants qui sont autant d'« obstacles » à l'expérimentation en biologie. Tout comme Bernard, il considère ces obstacles non pas comme « absolus », mais comme des « difficultés » capables, au contraire, de revêtir une dimension propulsive (au moins pour les quatre premières) : ces difficultés, ce sont aussi des « stimulants de l'invention »[2].

1. LCV, p. 47.
2. LCV, p. 38-39.

La fonction polémique de l'expérimentation, la vie comme expérimentation

Après avoir montré comment Canguilhem, dans ce texte, dialogue avec certaines thèses développées en son temps par Claude Bernard, venons-en maintenant aux paragraphes, plus ramassés, où il révèle davantage certains aspects de sa propre philosophie. Ce texte contient en effet une proposition philosophique forte, mais qui ne se laisse pas voir facilement. Cette proposition touche à la fois à des questions d'ordre épistémologique (la manière dont Canguilhem conçoit la science, et en particulier la science de la vie) et d'ordre ontologique (la manière dont il conçoit la vie), les deux étant, sans surprise, étroitement solidaires.

Le point de départ est le suivant : contrairement à l'image qu'en donne l'enseignement scolaire, l'expérimentation en biologie est un processus difficile, risqué, nécessairement polémique. Dans des lignes à la tonalité bachelardienne transparente, où le « savoir authentique » est présenté comme une « rectification de l'erreur »[1], Canguilhem explique que tout discours sur l'expérimentation n'a de sens que si l'on parvient à montrer *contre quoi* une expérimentation a été instituée. Ce n'est qu'à cette condition qu'on pourra redonner tout son « sens » et sa « valeur »[2] à l'expérimentation en biologie, deux termes parmi les plus significatifs du vocabulaire canguilhémien, comme nous aurons l'occasion d'y revenir à de nombreuses reprises.

Un tel positionnement est foncièrement antipositiviste. Classiquement, on conçoit l'expérimentation comme une procédure méthodiquement réglée capable d'engendrer des

1. LCV, p. 20.
2. LCV, p. 20.

faits. Selon cette conception « positiviste » (qui ne renvoie pas nécessairement au positivisme originel d'Auguste Comte), le savoir scientifique ne serait rien d'autre que l'accumulation patiente de faits expérimentaux. En mettant en avant la fonction polémique de l'expérience, Canguilhem bat en brèche cette lecture positiviste, largement répandue dans les programmes d'enseignement. Ce qui est premier, ce n'est pas l'observation, mais le jugement humain, c'est-à-dire la théorie. Ce que fait l'expérience, ce n'est pas produire des faits qui seraient autant d'atomes de la connaissance, mais c'est rectifier nos jugements théoriques.

Ce positionnement est proche de celui du philosophe Gaston Bachelard, qui, en 1955, dirigera la thèse de philosophie de Canguilhem[1]. Il conduit l'auteur à formuler, discrètement mais fermement, deux propositions. La première concerne l'épistémologie. Si tel est bien le cas, si l'expérimentation est un moment tout entier pris dans la trame de l'histoire, cela signifie que la connaissance de la vie n'a été rendue possible « qu'après une longue suite d'obstacles surmontés et d'erreurs reconnues »[2]. Autrement dit, étant donné la complexité intrinsèque du phénomène vital, et étant donné la surdétermination des premiers discours sur le vivant (comme en témoigne par exemple le concept d'irrigation), il a fallu *du temps* pour former des concepts « proprement biologiques ». Le concept de milieu intérieur ne doit pas être vu comme la conséquence obligatoire d'expériences conduites sur le foie de différents animaux de laboratoire, il est avant tout le produit d'une longue histoire de rectifications des

1. Voir le chapitre 4, p. 154 *sq*.
2. LCV, p. 28.

simplifications mécanistes (le corps organique comme machine) et vitaliste (la vitalité du corps organique comme exception aux lois de la physique et de la chimie).

À côté de cette thèse épistémologique, qui sera reprise dans d'autres textes du recueil (comme « La théorie cellulaire ») ainsi que plus tard dans son œuvre (comme à l'occasion de sa thèse de philosophie portant sur *La formation du concept de réflexe aux* XVIIe *et* XVIIIe *siècles*), Canguilhem formule une thèse plus originale, ontologique cette fois-ci. Il le fait en passant, sans s'y attarder, alors qu'elle touche au cœur de sa philosophie biologique, comme nous le verrons dans les chapitres suivants. Cette thèse porte ni plus ni moins sur la nature de la vie elle-même. On peut, en première approximation, la formuler ainsi : l'expérimentation n'est pas une procédure extérieure à la vie énoncée abstraitement par un savant qui se serait departi de son animalité, elle est tout au contraire consubstantielle à l'acte même de vivre. Pour Canguilhem, vivre, c'est fondamentalement expérimenter (dans) son milieu :

> Et l'expérience c'est d'abord la fonction générale de tout vivant, c'est-à-dire son débat [...] avec le milieu [1].

De ce point de vue, Canguilhem établit une parfaite continuité entre la connaissance et la vie. La connaissance prolonge la vie, dans la mesure où vivre, c'est expérimenter. Dès lors que les êtres vivants ne sont vivants que par rapport à un milieu donné, milieu changeant et complexe, il ne peut en être autrement. Ce texte donne ainsi quelques indications quant au choix du titre du recueil, *La connaissance de la vie*. D'ailleurs,

1. LCV, p. 28.

Canguilhem aurait pu appeler ce premier chapitre « L'expérimentation et la vie », rendant du même coup plus explicite sa thèse ontologique sur l'inscription *dans* la vie de l'expérimentation. Il n'a pas fait ce choix, et a mis au premier plan des considérations plus épistémologiques et historiques (et donc plus classiques) concernant les difficultés de l'expérimentation en biologie animale. Comme souvent, Canguilhem aborde de manière indirecte ce qui l'intéresse le plus. L'histoire et l'épistémologie viennent masquer sa philosophie.

Dans une conclusion dont les lignes sont demeurées célèbres, les dimensions épistémologique (les difficultés de l'expérimentation en biologie) et ontologique (vivre, c'est expérimenter son milieu) trouvent une unité inattendue. Pour que l'expérimentation biologique soit fructueuse, nous dit Canguilhem, il faut qu'elle respecte, autant que faire se peut, la manière dont l'animal mis en expérience expérimente lui-même son propre milieu. Dans l'environnement, toutes les variables ne font pas sens pour un organisme : seules certaines d'entre elles ont une « valeur biologique ». C'est en manipulant celles-ci que l'on peut espérer produire une configuration expérimentale capable d'aboutir à une meilleure connaissance de la vie. L'artificialité de tout acte expérimental, en science, doit être tempérée et contrôlée par la prise en compte de la biologie de l'organisme modèle. De là résulte non pas une impossibilité de l'expérimentation en biologie, mais à coup sûr une difficulté, qui doit, selon Canguilhem, être transformée en excitant de la découverte :

> Il est donc à la fois inévitable et artificiel d'utiliser pour l'intelligence de l'expérience qu'est pour l'organisme sa vie propre des concepts, des outils intellectuels,

forgés par ce vivant savant qu'est le biologiste. On n'en conclura pas que l'expérimentation en biologie est inutile ou impossible, mais, retenant la formule de Claude Bernard : la vie c'est la création, on dira que la connaissance de la vie doit s'accomplir par conversions imprévisibles, s'efforçant de saisir un devenir dont le sens ne se révèle jamais si nettement à notre entendement que lorsqu'il le déconcerte [1].

La théorie cellulaire

De la même manière que le texte précédent formait la totalité de la partie « Méthode », celui sur la théorie cellulaire, le plus long du recueil, constitue à lui seul la deuxième partie, intitulée « Histoire ». Cela peut sembler étonnant tant Canguilhem, directeur de l'Institut d'histoire des sciences et des techniques de la Sorbonne entre 1955 et 1971, demeure connu, avec Gaston Bachelard et Michel Foucault, comme une figure majeure du « style » français en épistémologie et en histoire des sciences. Mais ce qui vaudra à partir de 1955 ne vaut pas encore en 1945, lors de la première publication de « La théorie cellulaire », ni même en 1952, au moment où paraît la première édition de *La connaissance de la vie*. À ce moment, il ne viendrait à l'idée de personne de considérer Canguilhem comme un historien des sciences. Pendant une décennie, jusqu'à la soutenance de sa thèse sur *La formation du concept de réflexe*, « La théorie cellulaire » sera d'ailleurs l'unique contribution de Canguilhem au registre de l'histoire des sciences.

1. LCV, p. 49.

Cette étude sur l'histoire de la théorie cellulaire, qui, vue rétrospectivement, a tout de l'évidence, doit donc être considérée comme surprenante dans le contexte de la trajectoire philosophique du Canguilhem des années 1940. Pourquoi cette incursion du côté de l'histoire des sciences ? Il ne s'agit pas, on pouvait s'en douter, d'un travail historiographique classique. Aucune source nouvelle n'est mobilisée et, pour une large part, les réflexions de l'auteur s'appuient largement sur des travaux préexistants, au premier rang desquels ceux de son collègue à l'université de Strasbourg, l'histologiste et historien de la biologie Marc Klein (1905-1975).

Si Canguilhem s'est essayé à l'histoire des sciences, son intention est demeurée philosophique d'un bout à l'autre, et c'est elle qu'il s'agit de restituer dans les pages qui viennent. Pour ce faire, nous examinerons successivement trois questions en lien avec son entreprise historiographique : celle du « sens » qu'il prêtait à l'histoire des sciences, celle de la méthode à mettre en œuvre, et, enfin, celle des conclusions que Canguilhem a souhaité établir.

La question du sens de l'histoire des sciences

Canguilhem se distingue de nombreux épistémologues et philosophes des sciences dans la mesure où la préoccupation du sens de la connaissance l'a régulièrement emporté chez lui sur celle des modalités de la connaissance[1]. C'est bien cette intention qui l'anime toujours quand, laissant temporairement de côté les modalités mises en œuvre pour produire une connaissance de la vie, il s'intéresse ici à l'histoire de la connaissance de la

1. Nous reviendrons sur ce point dans la conclusion de cette première partie, p. 123 *sq*.

vie. Pourquoi faire de l'histoire des sciences ? En quoi pourrait-on en retirer des enseignements suffisamment précieux pour qu'un tel travail en vaille la « peine »[1] ? Ce sont ces questions que posent très nettement les premiers paragraphes de « La théorie cellulaire ». Ils montrent la constance de la préoccupation du *sens* de l'activité savante chez Canguilhem, quel que soit le domaine considéré.

Il faut ici indiquer que le titre original de ce texte, qui n'a pas été conservé lorsqu'il fut inclus dans *La connaissance de la vie*, était : « La théorie cellulaire en biologie : du sens et de la valeur des théories scientifiques ». Ce titre est remarquable à deux points de vue au moins. D'une part il rend pleinement explicite les questions de « sens » et de « valeur », qui sont à la racine du propos canguilhémien. D'autre part, et simultanément, cela minimise la dimension historienne de l'investigation. Dès le titre, on comprend que ce qui va compter, ce sont les enseignements généraux pour les « théories scientifiques » du cas particulier que représente la théorie cellulaire. Aussi bien, même lorsqu'il s'essaie à l'histoire des sciences, Canguilhem ne fait rien autre chose que de la philosophie.

Quelle serait alors la valeur de l'histoire des sciences ? Cette question est l'occasion de réaffirmer son credo antipositiviste : si la science est effectivement un pur progrès, alors l'histoire des sciences ne sert à rien. C'est là pour Canguilhem la conception positiviste par excellence, celle que l'on trouve souvent chez les savants eux-mêmes. Le passé y est strictement « déprécié » car « l'antériorité chronologique est une infériorité logique »[2].

1. LCV, p. 54.
2. LCV, p. 54.

Cependant, la *pratique* de l'histoire des sciences, dans le sens d'une fréquentation assidue des textes du passé, montre tout autre chose. Si certes on en retire une conscience des progrès de la connaissance, ce progrès n'a rien de la nécessité ou de l'automaticité. Il est au contraire largement erratique et montre la richesse des débats du passé dont ont procédé les sciences du présent, débats et hésitations qui sont rendus invisibles dans l'enseignement dogmatique des sciences. De ce fait, si la science est une interrogation non biaisée sur le réel, alors l'histoire des sciences a indubitablement une valeur pour la science. Rejoignant les élans antidogmatiques du physicien Paul Langevin (1872-1946), Canguilhem explique :

> Pour préparer des esprits neufs au travail scientifique, c'est-à-dire à une plus large compréhension des problèmes ou à la remise en question de certaines solutions, le retour aux sources est indispensable [1].

Pour Canguilhem, il ne fait aucun doute que l'on comprend mieux la science quand on en connaît l'histoire. Ce supplément d'intellection peut prendre deux formes distinctes, comme le suggère la citation précédente. D'une part, et c'est là une proposition relativement classique, car l'histoire des sciences offre (au savant, ou au savant en devenir) « une plus large compréhension des problèmes scientifiques ». Lorsqu'on explore le contexte de la mise en place d'une théorie scientifique, on comprend mieux pourquoi et comment certaines hypothèses (ensuite reçues dogmatiquement au travers de l'enseignement) ont été posées, pourquoi certaines formalisations ont été adoptées, etc. D'autre part, il peut même arriver qu'instruit par

1. LCV, p. 56.

l'histoire des sciences on puisse être conduit « à la remise en question de certaines solutions ». À ce moment de son argumentation, Canguilhem franchit un pas significatif et se fait plus original. Ce qu'il suggère ici, c'est que « le retour aux sources » puisse, parfois, être l'occasion de remettre au goût du jour sinon certaines solutions, du moins certains problèmes.

Cette question touche à un débat contemporain en philosophie des sciences, celui de la contingence ou de l'inévitabilité de nos connaissances scientifiques, débat qui lui-même rencontre la distinction, classique en philosophie des sciences, entre « contexte de découverte » et « contexte de justification ». Pour bien faire comprendre les enjeux de la position défendue par Canguilhem, il est ici nécessaire de développer ces deux points.

Durant l'entre-deux-guerres, un sillon majeur de la philosophie des sciences, le « positivisme logique » ou « néo-positivisme », s'est explicitement autonomisé de l'histoire des sciences. Cela s'est traduit, entre autres, par l'établissement d'une distinction fondatrice entre contexte de découverte et contexte de justification. Le contexte de découverte renvoie à l'ensemble des processus qui ont rendu possible la (première) proposition d'une hypothèse ou d'une théorie. Pour le néo-positivisme, un tel contexte n'appartient pas au champ de l'investigation philosophique. Ces questions sont du domaine de la psychologie ou de l'histoire, car la manière dont une nouvelle idée survient pour la première fois revêt une dimension contingente. Par exemple, Darwin aurait pu mourir lors de son tour du monde à bord du Beagle et n'aurait alors pas été le premier à formuler le principe de sélection naturelle.

Par opposition, le contexte de justification renvoie à l'ensemble des procédures qui, dès lors qu'une hypothèse ou une théorie est disponible, ont permis d'en attester la vérité. Dès lors, la justification n'est plus affaire de contingence mais d'absolue nécessité. La tâche de la philosophie est de reconstruire ce contexte de justification afin de le clarifier, c'est-à-dire de rendre parfaitement cohérente l'argumentation visant à fonder les énoncés scientifiques. Le néo-positivisme n'a rien à faire des contingences de la vie de Charles Darwin, ni même du contenu de *L'origine des espèces*. Ce qui intéresse ce courant de la philosophie des sciences, c'est par exemple une clarification du principe de sélection naturelle tel qu'il est actuellement mis en jeu au sein du cadre théorique de la génétique des populations.

La position communément admise est que si le contexte de découverte est contingent, le contexte de justification, lui, ne l'est pas. Tôt ou tard, Darwin ou pas, le principe de sélection naturelle aurait fini par être découvert (comme le montre le cas d'Alfred Russel Wallace, qui, quelques années après Darwin, est parvenu à des conclusions proches, du moins en première approximation). Au-delà de la question des *origines* (dont nous allons voir qu'elle était une préoccupation significative de Canguilhem dans ce texte), bon an mal an, une science finit par se stabiliser dans une certaine forme (comme la génétique des populations à compter des années 1930). C'est cette science installée qui intéresse le contexte de justification. Elle est comprise comme une nécessité : sa vérité, indubitable, la rend inévitable.

Or il y a, depuis peu, quelques philosophes pour contester que la distinction contingence/inévitabilité recoupe celle entre contexte de découverte et contexte de justification. Leur conception met au premier plan l'idée que, pas moins que les chemins qui ont conduit à la science actuelle, le contenu de celle-ci aurait pu être, en partie au moins, différent. C'est précisément cette possibilité, assez radicale, qui intéresse Canguilhem ici. Ce faisant, il souhaite réinscrire pleinement la science dans l'histoire. Accusant sa perspective antipositiviste, Canguilhem insiste sur la contingence de l'histoire des sciences, non pas seulement du point de vue des aléas conduisant à la découverte, mais très explicitement du point de vue du *contenu* de celle-ci :

> Sans doute l'œuvre de Linné permettait-elle qu'on en tirât le fixisme, mais *on aurait pu aussi tirer autre chose de toute l'œuvre.* La fécondité d'une œuvre scientifique tient à ceci qu'elle n'impose pas le choix méthodologique ou doctrinal auquel elle incline. Les raisons du choix doivent être cherchées ailleurs qu'en elle. Le bénéfice d'une histoire des sciences bien entendue nous paraît être de révéler l'histoire dans la science. L'histoire, c'est-à-dire selon nous, le sens de la possibilité. Connaître c'est moins buter contre un réel, que valider un possible en le rendant nécessaire. Dès lors, la genèse du possible importe autant que la démonstration du nécessaire. La fragilité de l'un ne le prive pas d'une dignité qui viendrait à l'autre de sa solidité. L'illusion aurait pu être une vérité. La vérité se révélera quelque jour peut-être une illusion [1].

Ce passage, particulièrement remarquable, est caractéristique du style canguilhémien, qui procède par formules suggestives dont il n'est jamais certain qu'on puisse

1. LCV, p. 58. Les italiques sont de Canguilhem.

complètement en saisir la signification. D'ailleurs, ne pas imposer « le choix méthodologique ou doctrinal » auquel un texte « incline » pourrait s'appliquer de manière évidente à bon nombre des textes les plus importants de son œuvre et participe, sans doute possible, de la richesse et de la « fécondité » de celle-ci.

Dans cet extrait, Canguilhem signifie que, pas moins que l'histoire, l'histoire des sciences est ouverte. Elle a été tributaire d'une série de choix, qui auraient pu être autres, et qui d'ailleurs se révèleront différemment « quelque jour peut-être ». Si tel est bien le cas, si l'histoire des sciences n'a pas l'inévitabilité qu'on lui prête lorsqu'on se complait dans une conception dogmatique (comtienne) du progrès scientifique, alors, la « genèse du possible » (le contexte de découverte), « importe autant que la démonstration du nécessaire » (le contexte de justification). Voilà pourquoi, plutôt que de répéter la science de manière triomphaliste en se contentant de reprendre la « démonstration du nécessaire », le « bénéficie d'une histoire des sciences bien entendue » doit être, pour l'auteur, « de révéler l'histoire dans la science ». Pour le dire en un mot, Canguilhem appelle ici à revenir sur les choix qui ont jalonné le cours de l'histoire des sciences, afin de montrer qu'il s'agit authentiquement de moments contingents, qui auraient pu être autres, et que, peut-être, faire revivre ces alternatives, ou au moins souligner les limites des choix effectués, pourrait avoir une *valeur* pour la science actuelle si celle-ci est bien entendue comme une modalité non dogmatique de la connaissance.

Ce faisant, il invite à remonter vers les « origines », les moments où le présent a commencé à s'élaborer. C'est cette tâche qu'il se fixe ici. Après en avoir donné un bref aperçu sur la base d'une rapide appréciation du problème de l'espèce dans les sciences de la vie[1], Canguilhem souhaite accorder sa méthode aux objectifs qu'il s'est donné en reprenant à nouveaux frais l'histoire de la théorie cellulaire.

La question de la méthode à mettre en œuvre

Cet aspect de « La théorie cellulaire » est probablement le plus déconcertant pour tout lecteur habitué aux écrits du Canguilhem de la maturité, théoricien de ce qu'on appelle classiquement l'épistémologie historique. Au-delà des écrits du Canguilhem des années 1960 et 1970, le courant de l'épistémologie historique, si on devait le définir sommairement, se caractérise par son insistance sur le caractère foncièrement discontinu de l'histoire des sciences, faite d'accidents, de scansions, de « ruptures » (Bachelard) sinon de « coupures » (Althusser). Autrement dit, l'épistémologie historique s'intéresse au premier chef aux profondes réorganisations du savoir qui prennent place à ces occasions, et qui interdisent de postuler une continuité substantielle entre des époques trop éloignées. Rien ne sert de remonter à l'atomisme de l'Antiquité pour rendre compte de la théorie atomique moderne. Ce faisant, l'épistémologie historique, sur un plan méthodologique au moins, invite à la prudence, nous enjoint à être attentifs aux changements de sens parfois masqués par une continuité factice du vocabulaire (« atome »). C'est là la seule manière de rendre intelligible la genèse de la *nouveauté* dans le cours de l'histoire. Sans cela, on en vient rapidement à concevoir le passé comme le germe en devenir du présent, à se lancer dans une quête sans fin des précurseurs.

1. LCV, p. 56-58.

Or, comme l'a bien montré Camille Limoges, il est un fait que la méthode mobilisée par Canguilhem dans ce premier essai d'histoire des sciences n'annonce en rien les canons de l'épistémologie historique. Dans ce long texte, malgré les apparences (quelques références à Bachelard et aux « obstacles épistémologiques » ici ou là), c'est bien à une remontée vers les origines de la théorie cellulaire à laquelle nous sommes conviés.

Cette remontée, Canguilhem le souligne très vite, n'empruntera pas la voie des « faits » (son antipositivisme toujours), tant les « faits ne sont que la voie, rarement droite, par laquelle les théories procèdent les unes des autres »[1]. Une lecture positiviste pourrait pourtant sembler particulièrement fondée pour le cas qui nous occupe : la théorie cellulaire ne « procède »-t-elle pas, assez directement, de l'invention des microscopes achromatiques au début du XIXe siècle ? N'est-elle pas la généralisation du constat empiriquement vérifié que tout être vivant est un assemblage d'unités elles-mêmes vivantes, ce que l'on a fini par appeler « cellules », après de nombreux essais (« saccules », « vésicules », « utricules », etc.) ? La réponse est fermement négative, car les « théories ne procèdent que de théories antérieures souvent très anciennes »[2]. Il faut donc exhumer cette généalogie perdue en cherchant « ailleurs que dans la découverte de certaines structures microscopiques des êtres vivants les origines authentiques de la théorie cellulaire »[3].

Là où Canguilhem se rapproche davantage de ce qu'on n'appelle pas encore en 1945 (ni même d'ailleurs en

1. LCV, p. 62.
2. LCV, p. 62.
3. LCV, p. 63.

1952) l'épistémologie historique, c'est dans son attention au concept plutôt qu'au terme. Le terme « cellule » se trouve déjà chez l'anatomiste Robert Hooke (1635-1703), c'est certain, mais contre la tradition scolaire qui fait de Hooke un précurseur, on ne trouve chez lui que le mot, pas la chose[1]. Toutefois, dans cette étude, la *théorie* cellulaire prend largement le pas sur le *concept* de cellule. Il faut donc chercher dans d'autres formes théoriques l'ancêtre effectif de la théorie cellulaire, née au tournant des années 1840 grâce aux travaux du médecin allemand Theodor Schwann (1810-1882). Dans cette quête érudite d'une « filiation » aussi « incontestable » que « continue »[2], Canguilhem va mettre en avant deux moments fondateurs, deux formes théoriques qui, selon lui, auraient grandement contribué à la naissance de la théorie cellulaire. Rappelons ici que, pour l'essentiel, cette théorie stipule deux choses : que le vivant minimal est nécessairement une cellule et que toute cellule provient par division d'une cellule préexistante.

La première forme théorique qui aura pu servir d'ancêtre à la théorie cellulaire n'est rien de moins que la théorie newtonienne de la matière et de la lumière. Dès le début du XVIIIe siècle, le newtonianisme était devenu la science par excellence, le modèle de scientificité à atteindre dans les autres branches du savoir. En France, nous dit Canguilhem, Buffon (1707-1788) fut profondément marqué par Newton, dont il fut, à ses débuts, un traducteur. Et ce serait du fait de son adhésion aux thèses corpusculaires du savant anglais que lui-même se serait lancé dans l'édification d'une conception discontinuiste – et en cela newtonienne – des êtres vivants. Stimulé sinon *influencé*

1. LCV, p. 59-60.
2. LCV, p. 85.

par les conceptions de Maupertuis, autre newtonien notoire, Buffon en vient à développer sa théorie dite des « molécules organiques » : tout être vivant ne serait que l'assemblage transitoire d'éléments vivants minimaux, dénommés molécules organiques (le terme « molécule » n'a pas, à ce moment de l'histoire, le sens qu'il va revêtir dans la seconde moitié du XIXe siècle, mais désigne de manière équivoque des petites structures, invisibles à l'œil nu). Entre la théorie corpusculaire de Newton et la théorie des molécules organiques, il n'y aurait rien de moins qu'une « filiation logique » :

> Voilà, selon nous, la filiation logique qui explique la naissance de la théorie des molécules organiques. Une théorie biologique naît du prestige d'une théorie physique. La théorie des molécules organiques illustre une méthode d'explication, la méthode analytique, et privilégie un type d'imagination, l'imagination du discontinu[1].

C'est à cette occasion que Canguilhem formule sa proposition la plus nettement en porte-à-faux avec les prescriptions méthodologiques de l'épistémologie historique. Il est un fait que la théorie buffonienne des molécules organiques n'a rien donné, et, si l'on retient la distinction fameuse de Bachelard entre science « sanctionnée » (qui se trouve du côté de la vérité) et science « périmée » (qui se situe du côté de l'erreur), celle-ci appartient sans aucun doute à la seconde catégorie. De ce fait, il est sans grand intérêt de s'y appesantir, de s'y « complaire » aurait dit Bachelard. Mieux vaut s'attacher à montrer comment certains obstacles épistémologiques ont été vaincus, comment certaines rationalisations ont transformé notre

1. LCV, p. 70.

appréhension du monde. Et pourtant, nous prévient Canguilhem, « l'obstacle à une théorie [Bachelard] n'est pas moins important à considérer, pour comprendre l'avenir de la théorie, que la *tendance* même de la théorie »[1]. Autrement dit, à une épistémologie discontinuiste de la rupture (celle de Bachelard), Canguilhem préfère ici, en toute connaissance de cause, une épistémologie continuiste de la tendance (avec laquelle il prendra ses distances dix ans plus tard, mais en partie seulement[2]). D'une manière ou d'une autre, cette conception corpusculaire du vivant, celle de Buffon, bien que fausse, a permis l'installation d'une « atmosphère intellectuelle » propice à l'essor de la théorie cellulaire. À tel point que, selon cette lecture « [Buffon] ne pouvait pas encore savoir qu'il cherchait ce que les biologistes du XIXe siècle ont appelé cellule »[3].

Voilà donc révélée une première filiation : De Newton à Buffon en passant par Maupertuis. À celle-ci, Canguilhem en ajoute immédiatement une seconde, qui cette fois-ci « s'établit sans discontinuité » jusqu'aux fondateurs avérés de la théorie cellulaire, Schleiden et Schwann. Suivant la lecture que son collègue Marc Klein avait lui-même donnée de cette histoire, Canguilhem met alors en avant le creuset qu'a constitué la « Naturphilosophie » de langue allemande au tournant des XVIIIe et XIXe siècles. Il n'est pas simple de rendre en quelques lignes ce qu'était cette philosophie de la nature qui, en bien des points, souhaitait prendre le contre-pied du mécanisme, qu'il soit d'obédience

1. LCV, p. 72. Nous soulignons.

2. S. Roux, « L'historicité des sciences comme problème : Canguilhem », dans L. Fabry, S. Roux (dir.), *Bachelardismes et anti-bachelardismes en France : Controverses épistémologiques des années 1960*, Paris, Classiques Garnier, 2025, p. 47-78.

3. LCV, p. 72-73.

cartésienne ou newtonienne. Disons que, en partie contre Kant également, le philosophe Friedrich Schelling (1775-1854) et ses élèves mirent en avant une conception de la nature ontologiquement très riche, traversée par des forces vitales assurant la permanence d'entités (comme les êtres vivants) reconnus comme des individualités véritables. Parmi les disciples de Schelling, on trouve le naturaliste Lorenz Oken (1779-1851) que Canguilhem crédite d'avoir « anticipé »[1] la théorie cellulaire. De manière évidente, c'est là encore une épistémologie de la tendance qui lui sert de clef d'intelligibilité :

> Schleiden qui a formulé la théorie cellulaire en ce qui concerne les végétaux a professé à l'université d'Iéna, où flottait le souvenir vivace de l'enseignement d'Oken. Schwann, qui a généralisé la théorie cellulaire en l'étendant à tous les êtres vivants (1839-1842), a vécu dans la société de Schleiden et de Johannes Müller qu'il a eu pour maître. Or Johannes Müller a appartenu dans sa jeunesse à l'école des philosophes de la nature. Singer peut donc dire très justement de Oken « qu'il a en quelque sorte *ensemencé* la pensée des auteurs qui sont considérés à sa place comme les *fondateurs* de la théorie cellulaire[2].

Fort de cette méthode d'investigation de l'histoire, Canguilhem n'en reste pas là. Après avoir mis en avant cette double filiation, il souhaite également suggérer que le retard, en France, dans l'acceptation de la théorie cellulaire est lui aussi justiciable d'une explication du même genre. On sait que la philosophie d'Auguste Comte, relayée dans les sciences de la vie par l'histologiste Charles

1. LCV, p. 74.
2. LCV, p. 73-74.

Robin (1821-1885), a été motrice dans cette opposition. Or, il ne fait guère de doute, pour Canguilhem, que la position comtienne vient de Bichat, qui lui-même, « par Pinel, descend de Barthez »[1]. Où l'on mesure à nouveau à quel point ce travail est dissonant en comparaison de ce qui suivra à compter de l'année 1955. Incontestablement pré-canguilhémien, sinon pré-bachelardien, il lorgne davantage du côté d'une histoire des idées plutôt que de celui d'une histoire des sciences attentive aux dimensions matérielle et empirique du savoir.

Que montre l'histoire de la théorie cellulaire ?

Les conclusions auxquelles parvient Canguilhem ne sont pas moins surprenantes. Contre toute attente, cette inlassable recherche de filiations débouche sur le constat que, ce que révèle l'histoire, c'est l'anhistoricité d'une alternative. D'un bout à l'autre, et malgré d'inévitables variations, l'opposition entre le continu et le discontinu constitue l'invariant fondamental qui structure le cours de l'histoire. Autrement dit, l'histoire de la théorie cellulaire ne serait que l'effet de surface d'une « oscillation de l'esprit humain » :

> Et il importe assurément de ne pas méconnaître l'historicité du temps. Mais le temps, non plus que l'éternité, n'est à personne ; et la fidélité à l'histoire peut nous conduire à y reconnaître certains retours de théories qui ne font que traduire l'oscillation de l'*esprit humain* entre certaines orientations permanentes de la recherche en telle ou telle région de l'existence[2].

1. LCV, p. 80.
2. LCV, p. 83.

Une telle conclusion, qui finalement disqualifie l'histoire au profit d'une forme de psychanalyse de la connaissance, Canguilhem l'avait en fait assumée et anticipée dès les premières pages du texte, lorsqu'il écrit :

> Depuis qu'on s'est intéressé en biologie à la constitution morphologique des corps vivants, l'*esprit humain* a oscillé de l'une à l'autre des deux représentations suivantes : soit une substance plastique fondamentale continue, soit une composition de parties, d'atomes organisés ou de grains de vie. Ici comme en optique, les deux exigences intellectuelles de continuité et de discontinuité s'affrontent[1].

L'« esprit humain » (nous voilà presque revenus au temps de Condillac) serait donc, selon le Canguilhem de 1945, le grand invariant de l'histoire, le sol originaire d'où germeraient, selon des perspectives assez nettement prédéterminées, nos théories scientifiques. Curieuse conception lorsqu'il était question, dans le même temps, de « réintroduire l'histoire dans la science », c'est-à-dire « le sens de la possibilité »[2].

Les dernières pages du texte ne permettent pas d'en douter, ce que vise l'auteur, c'est bien la mise au jour d'« antiques images », sur lesquelles viennent comme se « greffer » nos « théories scientifiques, pour ce qui est des concepts fondamentaux »[3]. De ce point de vue, la régression aux origines n'est qu'un pis-aller. Ce qu'il faut atteindre, c'est la structure prototypique de l'esprit humain lui-même. À cette occasion, Canguilhem n'hésite pas à se référer aux « types psychologiques » thématisés par le

1. LCV, p. 61.
2. LCV, p. 58.
3. LCV, p. 99.

psychiatre Carl G. Jung (1875-1961). Ce faisant, conclusion paradoxale de cette investigation historiographique, il en arrive à exclure l'engendrement des concepts et des théories de l'histoire, puisqu'il attribue ce pouvoir générateur aux structures archétypales de l'esprit humain :

> Voilà pourquoi nous avons proposé que les théories ne naissent pas des faits qu'elles coordonnent et qui sont censés les avoir suscitées. Ou plus exactement, les faits suscitent les théories mais ils n'engendrent pas les concepts qui les unifient intérieurement ni les intentions intellectuelles qu'elles développent. Ces intentions viennent de loin, ces concepts sont en petit nombre et c'est pourquoi les thèmes théoriques survivent à leur destruction apparente qu'une polémique et une réfutation se flattent d'avoir obtenue [1].

À notre connaissance, c'est un des deux seuls textes (avec « Aspects du vitalisme », qui sera étudié dans le chapitre suivant) où Canguilhem s'autorisera ce type de spéculation, qui conduit à sérieusement restreindre, sinon à annuler, la *valeur* de l'histoire des sciences. Celle-ci est toutefois sauvée, *in extremis*, par la manière dont cette remontée aux origines de la théorie cellulaire peut aider à mettre en lumière les difficultés actuelles rencontrées par cette dernière. Prenant acte que, depuis la fin du XIXe siècle jusqu'à aujourd'hui (les années 1940), la théorie cellulaire a été contestée par des biologistes sur la base de considérations scientifiques, Canguilhem en conclut qu'elle a perdu son caractère d'évidence [2]. Bien que lui-même docteur en médecine, l'auteur se

1. LCV, p. 100.
2. LCV, p. 94-95.

déclare « incompétent »[1] pour examiner le détail de ces critiques contemporaines. Il en retient néanmoins l'idée que la question demeure ouverte : tout le vivant est-il exclusivement de nature cellulaire ? Toute cellule provient-elle nécessairement d'une autre cellule par division ?

La question que pose la théorie cellulaire, de manière ultime, est celle de l'individualité biologique. On est d'ailleurs en droit de penser que c'est en partie pour cette raison, qui touche directement à ses propres préoccupations philosophiques, que Canguilhem a fait le choix d'une investigation de cette théorie biologique plutôt qu'une autre (une autre raison, à ne pas négliger, est les échanges qu'il aura pu avoir avec Marc Klein et le degré d'information qu'il en aura retiré). Aussi bien, au moment où il rédige ces lignes, au mitan des années 1940, la question de l'individualité biologique, si lourde de conséquences sur d'autres terrains (comme le terrain politique) ne lui paraît pas tranchée :

> Sous le nom de cellule, c'est l'individualité biologique qui est en question. L'individu est-il une réalité ? Une illusion ? Un idéal ? Ce n'est pas *une* science, fût-ce la biologie, qui peut répondre à cette question. Et si *toutes* les sciences peuvent et doivent apporter leur contribution à cet éclaircissement, il est douteux que le problème soit proprement scientifique, au sens usuel de ce mot[2].

Pour ce qui le concerne, étant donné que la théorie cellulaire n'est que l'expression transitoire de l'opposition entre le continu et le discontinu, elle-même ancrée dans les archétypes de « l'esprit humain », opposition qui se

1. LCV, p. 97.
2. LCV, p. 99. Les italiques sont de Canguilhem.

poursuit « depuis que les hommes pensent »[1], Canguilhem pronostique que, comme cela a été le cas en physique avec la mécanique ondulatoire (la lumière comme onde *et* comme particule), la biologie devra faire place à une théorie bicéphale concernant la composition de la matière vivante avec, d'un côté (celui du discontinu) une théorie de type cellulaire, et de l'autre (celui du continu) une théorie de type protoplasmique. En cela, la valeur de l'histoire des sciences serait sauvée, puisque cette quête des origines aura été l'occasion de faire sentir « la nécessité actuelle d'une théorie plus souple et plus compréhensive »[2].

CONCLUSION

Dans les deux premiers chapitres de *La connaissance de la vie*, qui chacun forme une des trois grandes parties de l'ouvrage, c'est en quelque sorte de biais que Canguilhem s'attaque aux questions qui préoccupent sa philosophie. Car, sous couvert d'une investigation épistémologique concernant la méthode en science (question classique de la philosophie des sciences), ou d'une étude historiographique touchant à la question des origines d'une théorie scientifique (question classique de l'histoire des sciences), c'est bien autre chose qui est visé. Cette autre chose, on peut le désigner, après d'autres, et selon les termes de Canguilhem lui-même, comme une « philosophie biologique », genre à propos duquel nous aurons à revenir.

Dans ces deux textes, une question spécifique apparaît comme centrale, celle de l'individualité biologique. C'est

1. LCV, p. 99.
2. LCV, p. 101.

parce que les organismes vivants sont des individus, dans tous les sens du terme (totalité indivisible, particularité individuelle, etc.) que l'expérimentation connaît des restrictions (mais non pas une impossibilité en droit) dans les sciences de la vie. C'est parce que la théorie cellulaire conçoit les organismes vivants comme des individualités composées, des réunions de cellules, que cette théorie, qui ne doit pas être réduite à une généralisation empirique, est riche d'enseignements quant à la nature de l'individualité biologique. Sur des terrains hétérogènes, et de manière indirecte, Canguilhem entame ainsi sa réflexion concernant certains concepts clefs touchant aux sciences de la vie, au premier rang desquels celui d'organisme. Cette discussion va se faire ensuite plus directement (mais non pas sans détours) dans la troisième partie du livre, celle consacrée à la « Philosophie ».

CHAPITRE 2

« PHILOSOPHIE »

PREMIÈRE PARTIE

Incontestablement, ce sont les textes rassemblés dans la section « Philosophie » qui dessinent le plus directement les contours de la philosophie biologique que Canguilhem s'est essayé à fonder durant ses années strasbourgeoises (1941-1948). Ses lecteurs, d'ailleurs, ne s'y sont pas trompés puisque le triptyque « Aspects du vitalisme », « Machine et organisme » et « Le vivant et son milieu », textes issus de conférences données en 1946-1947 au Collège philosophique, est demeuré largement lu et commenté depuis les années 1950 jusqu'à aujourd'hui. Pour autant, même dans ses textes où l'intention philosophique est la plus évidente, l'argumentation mise en jeu n'est jamais sans quelque détour, notamment par l'histoire, tout comme les conclusions sans extrapolations en direction de la morale ou de la politique. D'un bout à l'autre, Canguilhem demeure un philosophe au sens classique du terme, et refuse d'enfermer ses réflexions dans le seul périmètre d'études techniques dédiées à l'histoire ou à la philosophie des sciences.

Ce chapitre fonctionne comme le précédent : nous prendrons les trois premiers textes de la section « Philosophie » dans l'ordre voulu par leur auteur, en tentant d'en donner des résumés aussi fidèles que possibles afin de mettre en lumière les lignes de force de l'argumentation canguilhémienne. Nous verrons que l'« inspiration » de ce triptyque gagne effectivement en homogénéité et qu'à cette occasion Canguilhem offre ses réflexions les plus abouties sur l'originalité du vital et sur l'impérieuse nécessité de ne pas dissoudre celle-ci dans une science envisagée uniquement comme une démarche analytique de décomposition.

Aspects du vitalisme

La locution « philosophie biologique » n'est pas une catégorie forgée rétrospectivement par les commentateurs pour situer le projet intellectuel de Canguilhem. Elle connaît une longue histoire dans le cadre de la philosophie française (elle était déjà d'usage pour qualifier la philosophie d'Auguste Comte à la fin du XIXe siècle) et fut utilisée par Canguilhem lui-même. C'est le cas notamment dans ce texte, où l'auteur indique d'entrée qu'il s'essaye ici « à la philosophie biologique »[1], quelque difficile que cela puisse être. Cela nous permet de mieux comprendre ce qu'il entendait par là. Comme nous le développerons au chapitre 6, la philosophie biologique était identifiée à une activité de « rectification » de certains concepts, mais pas n'importe lesquels. Canguilhem ne s'intéresse pas prioritairement aux concepts qu'on pourrait dire techniques de la biologie, comme par exemple celui de gène ou de sélection naturelle. Seuls quelques concepts vont retenir son attention, ceux qu'il qualifie de « concepts philosophiques fondamentaux ». Quels sont-ils ? Il s'agit

1. LCV, p. 105.

non pas de ceux que le biologiste utilise directement dans son travail scientifique quotidien, mais plutôt des catégories génériques qui délimitent l'espace où ce travail peut prendre place. Ce sont par exemple les concepts de vie, de milieu, d'organisme, des méta-concepts en quelque sorte, qui font rarement l'objet d'une spécification précise par le biologiste lui-même, et qui peuvent revêtir des enjeux dépassant largement le cadre de la science. Le concept de vitalisme entre dans cette catégorie.

C'est aujourd'hui, du côté des sciences de la vie, un terme largement désuet tant l'essor de la biologie moléculaire depuis les années 1950[1] a entériné le bien-fondé d'une approche mécaniste des processus vitaux les plus fondamentaux. Pourtant, durant longtemps, le vitalisme a pu désigner une certaine conception de la vie revendiquée par une longue et prestigieuse lignée de savants, depuis Aristote (-384 ; -322) jusqu'à l'embryologiste Hans Driesch (1867-1941) en passant, entre autres, par le médecin Xavier Bichat (1771-1802), un des fondateurs de l'histologie, la science des tissus. Il s'agit à chaque fois de signifier la particularité des corps vivants vis-à-vis des corps bruts : spontanément (sans qu'aucune force extérieure ne soit mise en jeu), ils sont capables de croître, de se développer et de se reproduire. Comment en rendre compte autrement que par l'existence d'une (ou de plusieurs) « force vitale », qui s'appliquerait en propre aux vivants et, de cette manière, leur permettrait de résister aux actions destructrices des forces physico-chimiques ? Dans cette perspective, la mort ne serait rien autre chose que l'épuisement, chez un être particulier, de cette force vitale.

1. Voir le chapitre 5, p. 177 *sq*.

Ce vitalisme, que Canguilhem qualifie de « classique », peut être aussi désigné comme « substantialiste » : il fait le pari qu'il existe une substance spéciale, la force vitale, qui rend compte d'une exception aux lois de la matière, celle qu'incarnent les processus vitaux. Pour l'auteur, sa position est nette, une telle acception est aujourd'hui un non-sens scientifique :

> En somme, le vitaliste classique admet l'insertion du vivant dans un milieu physique aux lois duquel il constitue une exception. Là est, à notre sens, la faute philosophiquement inexcusable. Il ne peut y avoir d'empire dans un empire, sinon il n'y a plus aucun empire, ni comme contenant, ni comme contenu. [...] On ne peut pas défendre l'originalité du phénomène biologique et par suite l'originalité de la biologie en délimitant dans le territoire physico-chimique, dans un milieu d'inertie ou de mouvements déterminés de l'extérieur, des enclaves d'indétermination, des zones de dissidence, des foyers d'hérésie[1].

Si le vitalisme n'est plus un concept biologique, alors en quoi cette catégorie pourrait-elle relever d'une philosophie biologique ? C'est à cette question que ce texte est dévolu. Il porte le titre « Aspects du vitalisme », mais aurait pu tout aussi bien s'intituler « Actualité du vitalisme ». Une actualité qui, à l'évidence, ne se trouve plus, ou en tout cas plus complètement, du côté de la science, mais plutôt de la philosophie[2]. Pour ce faire, Canguilhem va considérer trois « aspects » du vitalisme qui, selon lui, fondent la pertinence de ce concept pour une philosophie biologique.

1. LCV, p. 121.
2. LCV, p. 106-107.

Aspect n° 1 :
la vitalité du vitalisme

L'auteur le souligne très explicitement, « [l]e premier aspect du vitalisme, sur lequel la réflexion philosophique est amenée à s'interroger est donc [...] la vitalité du vitalisme »[1]. À cette occasion, Canguilhem renvoie à l'histoire des sciences dans une veine pleinement convergente avec ce que l'on trouve dans « La théorie cellulaire ». D'une part parce qu'il établit une *filiation* des philosophes et savants vitalistes. Notons qu'il inclut le zoologiste Lamarck (1744-1829) dans celle-ci, reconduisant ainsi une lecture erronée (mais fréquente) de l'œuvre du fondateur du « transformisme ». D'autre part car, à nouveau, il enracine l'opposition séculaire entre partisans du vitalisme et tenants du mécanisme dans un sol plus fondamental. Dans « La théorie cellulaire », il s'agissait, nous l'avons vu, de la structure de « l'esprit humain ». Il va encore plus loin cette fois-ci, en ancrant cette opposition (avec d'autres), non seulement dans la pensée, mais dans la vie elle-même :

> Mais on peut, transposant le procès dialectique de la pensée dans le réel, soutenir que c'est l'objet d'étude lui-même, la vie, qui est l'essence dialectique, et que la pensée doit en épouser la structure. L'opposition Mécanisme et Vitalisme, Préformation et Épigenèse est transcendée par la vie elle-même se prolongeant en théorie de la vie[2].

Par conséquent, le fait que le cours de l'histoire de la biologie soit structuré par une série d'oppositions (dont celle entre mécanisme et vitalisme) doit se comprendre

1. LCV, p. 107.
2. LCV, p. 108.

comme reflétant l'allure de la dynamique vitale, elle-même intrinsèquement dialectique. L'épistémologie (la forme de la connaissance scientifique sur la vie) serait ainsi très directement une conséquence de l'ontologie (l'être de la vie). C'est ce que Canguilhem signifie quand il dit que la vie se « prolong[e] en théorie de la vie ». Par là, il ne fait que reprendre son questionnement à propos de la nature de la connaissance *pour* la vie :

> Comprendre la vitalité du vitalisme c'est s'engager dans une recherche du sens des rapports entre la vie et la science en général, la vie et la science de la vie plus spécialement[1].

Qu'entend-il alors par « vitalité » du vitalisme ? Il ne s'agit pas de dire, nous l'avons vu, que le vitalisme puisse être directement traduit en théories et concepts opératoires pour le biologiste. Du reste, cette possibilité est proprement scientifique, et, en tant que telle, elle appartiendrait aux savants, pas aux philosophes[2]. La « vitalité » du vitalisme renvoie à une interrogation (philosophique) portant sur un constat (historique) : celui de la récurrence, depuis Aristote au moins, de la position vitaliste. Pourquoi – rappelons que Canguilhem écrit ce texte dans les années 1940, avant l'essor de la biologie moléculaire – le vitalisme semble-t-il toujours renaître de ses cendres ? N'est-ce pas là une différence fondamentale avec d'autres conceptions considérées comme fausses, le géocentrisme ou la théorie du phlogistique en chimie[3] ?

Pour notre auteur, une telle vitalité ne peut se comprendre qu'à la lumière de l'opposition entre vitalisme

1. LCV, p. 108.
2. LCV, p. 106.
3. LCV, p. 106.

et mécanisme. À nouveau, il n'est pas question de nier la fécondité scientifique du mécanisme, le fait que concevoir les vivants et leurs organes comme des mécanismes ait été (et continue d'être) un vecteur majeur de progrès biologique. De ce point de vue, le mécanisme est bien une « méthode »[1], et une méthode incontestablement productive sur le plan scientifique. Mais, thème décidément majeur des réflexions canguilhémiennes, le revers de la médaille est que le mécanisme risque à tout moment d'annuler la vitalité de la vie, de conduire à une connaissance de la vie incomplète, biaisée. Le vitalisme renaîtrait périodiquement pour prévenir cette dérive réductionniste, comme un appel à préserver l'originalité du vital.

Alors, nous dit Canguilhem, le vitalisme apparaît (par effet de contraste avec le mécanisme), non pas lui-même comme une méthode (cela a toujours échoué), mais plutôt comme une « exigence », celle de respecter la spécificité du vivant :

> Nous pouvons donc proposer que le vitalisme traduit une *exigence* permanente de la vie dans le vivant, l'identité avec soi-même de la vie immanente au vivant. Par là s'explique un des caractères que les biologistes mécanistes et les philosophes rationalistes critiquent dans le vitalisme, sa nébulosité, son flou. Il est normal, si le vitalisme est avant tout une exigence, qu'il ait quelque peine à se formuler en déterminations[2].

La vitalité du vitalisme viendrait du fait qu'il s'agit d'une exigence visant à maintenir une appréciation critique des réussites mécanistes en biologie. Plus le mécanisme

1. LCV, p. 110.
2. LCV, p. 109. Nous soulignons.

montre son bien-fondé, plus il est nécessaire de rappeler la pertinence de l'exigence vitaliste.

Aspect n°2 : la fécondité du vitalisme

« Comme il n'y a pas de vitalité authentique qui ne soit féconde, le second aspect du vitalisme auquel nous sommes tenus de nous intéresser, c'est sa fécondité »[1]. C'est ainsi que débute la section consacrée à cette seconde dimension du vitalisme, où l'auteur se montre dans un premier temps étonnamment critique à l'égard du vitalisme. Canguilhem développe à cette occasion une triple critique. Tout d'abord, les notions produites par le vitalisme, comme le « principe vital » (Barthez), la « force vitale » (Bichat) ou l'« entéléchie » (Driesch), sont des « notions verbales », qui n'expliquent rien. À la manière de la « vertu dormitive » de l'opium chez Molière, ce ne sont que des mots qui tentent de masquer l'absence complète de compréhension. Ensuite, les conceptions vitalistes, largement « obscures », se « présente[nt] comme un retour à l'antique », et en cela semblent se couper systématiquement de l'actualité scientifique. Ne serait-ce pas, demande Canguilhem, simple « amour de vieilleries »[2] ? Enfin, il appartient à l'historien et au philosophe d'être prudent : le fait que des savants vitalistes aient pu faire des découvertes ne signifie pas que ce soit leur engagement vitaliste qui ait été au fondement de celles-ci[3].

Néanmoins, ces critiques étant fermement formulées, il n'en reste pas moins que, jusqu'à une époque relativement récente (peu ou prou le mitan du XIXe siècle) le vitalisme

1. LCV, p. 113.
2. LCV, p. 116.
3. LCV, p. 117.

a effectivement fait montre d'une certaine fécondité, comme en embryologie (avec la théorie des feuillets) ou en neurologie (avec la théorie du réflexe). À cette occasion, environ huit ans avant la soutenance de sa thèse de philosophie, Canguilhem insistait déjà sur le rôle des théories vitalistes dans la formation du concept de réflexe :

> Il est un autre domaine généralement peu connu, où les biologistes vitalistes peuvent revendiquer des découvertes aussi authentiques qu'inattendues, c'est la neurologie. La théorie du réflexe – nous ne disons pas la description expérimentale ou clinique des mouvements automatiques – doit probablement, quant à sa formation, davantage aux vitalistes qu'aux mécanistes, du XVIIe siècle (Willis) au début du XIXe siècle (Pflüger). Il est certain que cette tradition de biologistes qui ont été conduits à la notion de réflexe par leurs théories vitalistes sur le sensorium commune et l'âme médullaire. La mécanisation ultérieure de la théorie du réflexe ne change rien à ses origines[1].

C'est à l'occasion de cet examen de la fécondité du vitalisme que l'auteur, dans une série de paragraphes particulièrement difficiles, revient sur la question de sa nature, de son identité profonde. L'espace de quelques lignes, il souhaite aller au-delà de la qualification d'« exigence » qu'il a introduite précédemment. De la page 120 au début de la page 123, il procède de la manière suivante. Il commence par examiner la possibilité que le vitalisme ne soit qu'une forme de « paresse » intellectuelle, un « manque d'ardeur pour la recherche biologique »[2]. La réponse est oui, nous dit Canguilhem, si par vitalisme on

1. LCV, p. 119.
2. LCV, p. 120.

entend une doctrine de la force vitale à la Bichat, dont on a vu qu'il la récusait fermement[1]. Ce n'est pas de cette manière qu'il faut défendre « l'originalité du biologique »[2]. Au lieu de voir les êtres vivants comme des exceptions locales, spatialement situées, aux lois de la physique et de la chimie, ce qu'a toujours fait le vitalisme substantialiste, il faut déplacer les termes de la question. Celle-ci n'est pas tant celle de l'inscription de la vie dans la matière (la cause est entendue) mais celle de l'inscription de la science (et notamment de la physique et de la chimie) dans la vie, ce qui est bien le sujet que Canguilhem s'est donné dans ce livre :

> Lorsqu'on reconnaît l'originalité de la vie, on doit « comprendre » la matière dans la vie et la science de la matière, qui est la science tout court, dans l'activité du vivant[3].

La conception classique fait de la physique la science des phénomènes les plus généraux. Au sein des phénomènes physiques, les phénomènes biologiques apparaissent alors comme plus spéciaux, ce qui tend à faire penser qu'ils sont soit des phénomènes physiques complexes (mécanisme), soit des phénomènes non physiques (vitalisme substantialiste, vitalisme « classique »). Canguilhem récuse cette alternative, signe d'une question mal posée. La physique n'est possible que parce qu'il y a des physiciens, c'est-à-dire des savants qui sont aussi des vivants. L'interprétation physique du monde n'est, ultimement, que la conséquence des essais de la vie pour régler son débat avec le milieu. En ce sens, qu'on pourrait dire

1. LCV, p. 121.
2. LCV, p. 121.
3. LCV, p. 122.

gnoséologique, la physique, comme la biologie, est incluse *dans* la vie, sans que cela n'entraîne quelque restriction quant à ses ambitions explicatives. Au contraire, cela vient fonder le « sens » de la physique :

> Cette interprétation n'enlève rien à une physique aussi déterministe qu'elle voudra et pourra, ne lui retire aucun de ses objets. Mais elle inclut l'interprétation physique dans une autre, plus vaste et plus compréhensive, puisque le *sens* de la physique y est justifié et l'activité du physicien intégralement garantie[1].

Le vitalisme, selon cette lecture, serait quelque chose comme la reconnaissance que les sciences (physique, chimie, biologie) sont toutes des émanations de la vie et que, en cela, elles participent au « tout de l'expérience »[2] ; que le seul point de vue sensé sur la « totalité de l'expérience »[3] est nécessairement biologique. En d'autres termes, au-delà du vitalisme comme « exigence », et tout en niant que les vivants auraient un privilège ontologique, c'est semble-t-il bien à nouveau sur le terrain de la gnoséologie, de la théorie de la connaissance, que Canguilhem souhaite poser la question de l'actualité du vitalisme, en renouvelant profondément le sens de la question elle-même.

Aspect n° 3 : le vitalisme comme « idéologie réactionnaire » ?

Dans les dernières pages du texte, bien moins ardues à appréhender, Canguilhem, comme souvent, déplace son propos sur le terrain de l'idéologie et de la politique. Le vitalisme aurait dorénavant mauvaise presse aussi car il

1. LCV, p. 122. Nous soulignons.
2. LCV, p. 122.
3. LCV, p. 123.

aurait participé à l'essor d'idéologies réactionnaires, au premier rang desquelles le nazisme. À cette occasion (mais sur ce point son interprétation pourra varier d'un texte à l'autre, y compris au sein du recueil *La connaissance de la vie*), Canguilhem plaide pour une indépendance des magistères : les connaissances biologiques sont une chose, l'idéologie politique en est une autre[1]. Si certes on peut parfois trouver quelque proximité entre le vitalisme allemand et l'idéologie nazie, celle-ci a par ailleurs aussi incorporé, plus ou moins largement et plus ou moins fidèlement, des éléments issus de la génétique et du darwinisme[2]. Aussi bien, ce n'est pas tant la biologie qui est fautive, que l'interprétation qui peut en être faite à des fins strictement politiques, y compris quand celle-ci émane d'authentiques biologistes :

> On n'est pas tenu de loger dans la biologie, sous forme de conséquences logiquement inévitables, l'attitude que, par manque de caractère et par manque de fermeté philosophique, quelques biologistes ont adoptée[3].

Rappelons que ce texte est rédigé dans l'immédiat après-guerre, dans le contexte strasbourgeois qui plus est, et que Canguilhem lui-même s'est distingué par des faits de résistance tout à fait remarquables durant les années d'occupation[4]. Il n'est donc pas surprenant que la question du nazisme, et particulièrement la question de l'idéologie nazie, ne soit jamais très loin de ses interrogations sur la vie et les vivants. Écartant les soupçons d'accointance avec le nazisme, il pouvait conclure son texte en affirmant

1. LCV, p. 125.
2. LCV, p. 125.
3. LCV, p. 126.
4. Voir le chapitre 4, p. 150 *sq*.

que « rendre justice au vitalisme ce n'est finalement que lui rendre la vie »[1].

Machine et organisme

Ce texte touche encore plus directement que le précédent au cœur de la philosophie biologique dont *La connaissance de la vie* devait offrir un premier tableau. De tout le recueil, il est peut-être le plus significatif de ce point de vue car il propose, de manière relativement ramassée, un aperçu des thèses canguilhémiennes pour ce qui concerne les rapports entre vie, activité technique et rationalité scientifique. Aussi, s'il n'y avait qu'un seul texte à lire, ce serait peut-être celui-là.

Ce qui est visé ici n'est ni plus ni moins qu'un renversement du rapport classiquement admis entre machine et organisme. Depuis des siècles, et particulièrement depuis Descartes, la machine a servi de modèle pour comprendre l'organisme, d'où l'assimilation des organes à des mécanismes. Ce faisant, nous dit Canguilhem, on passe complètement à côté de la relation la plus signifiante : « comprendre la construction même de la machine à partir de la structure et du fonctionnement de l'organisme »[2]. Plutôt que de voir la machine comme une clef d'intelligibilité des vivants, Canguilhem nous invite ici, dans le sillage de Bergson, à comprendre les machines comme un prolongement de l'activité des organes. Pour ce faire, il est indispensable de reprendre à nouveaux frais la question des rapports entre la science et la technique, puisque les machines prennent place précisément à la

1. LCV, p. 127.
2. LCV, p. 130.

frontière entre les deux. C'est ainsi un double renversement que l'auteur souhaite opérer dans ce texte :

> Or nous pensons qu'il n'est pas possible de traiter le problème biologique de l'organisme-machine en le séparant du problème technologique qu'il suppose résolu, celui des rapports entre la technique et la science. Ce problème est ordinairement résolu dans le sens de l'antériorité à la fois logique et chronologique du savoir sur ses applications. Mais nous voudrions tenter de montrer que l'on ne peut comprendre le phénomène de construction des machines par le recours à des notions de nature authentiquement biologique sans s'engager du même coup dans l'examen du problème de l'originalité du phénomène technique par rapport au phénomène scientifique[1].

Comme dans « Aspects du vitalisme », pour mener à bien sa démonstration, Canguilhem envisage et annonce explicitement un plan, chose peu courante chez lui. Par souci de commodité, nous suivons ici la structuration en quatre parties qu'il propose.

« Le sens de l'assimilation de l'organisme à une machine »

Dans cette première section, l'auteur examine le point de vue classique quant à la relation entre machine et organisme : l'assimilation de l'organisme à une machine. Après avoir rapidement défini ce qu'est un mécanisme (« une configuration de solides en mouvement telle que le mouvement n'abolit pas la configuration »[2]) il souligne le fait qu'un mécanisme ainsi entendu ne crée aucun

1. LCV, p. 130.
2. LCV, p. 131.

mouvement, il est un pur dispositif de transmission : « [m] écanisme n'est pas moteur »[1]. Pour que les mécanismes produits par l'ingéniosité humaine deviennent des modèles intéressants pour rendre compte de l'activité organique, il faut qu'ils aient atteint un certain degré de perfectionnement. Il faut qu'ils soient devenus des automates, donnant l'illusion d'une motricité propre. C'est seulement à ce stade de l'évolution technique des artefacts humains que le « mouvement du vivant » devient justiciable d'une explication mettant en jeu le « mouvement d'une machine »[2].

Pour Canguilhem, bien en amont de Descartes, c'est Aristote qui inaugure le mécanisme biologique entendu de cette manière. C'est lui qui initie la thématique de « l'assimilation de l'organisme à une machine »[3]. Pour autant, la place centrale de Descartes dans cette histoire n'est nullement contestée. C'est qu'au XVIIe siècle, les machines, en regard de celles qu'avait pu connaître Aristote, étaient autrement perfectionnées. Descartes, pour ce qui le concerne, a à sa disposition des automates aussi complexes que des horloges, des montres, des fontaines artificielles ou des orgues[4]. Les progrès techniques rendent alors pleinement opératoire une telle assimilation.

À ce stade de son argumentation, dans la seconde moitié de cette première section, Canguilhem examine des hypothèses alternatives susceptibles de rendre compte de l'essor du mécanisme. Après celle proposée par le Père Laberthonnière (1860-1932), grand spécialiste de Descartes, et qui considérait que le mécanisme cartésien

1. LCV, p. 131.
2. LCV, p. 133.
3. LCV, p. 134.
4. LCV, p. 136.

avait quelque chose à voir avec le développement de la chrétienté[1], il en vient à la thèse, plus radicale, de Franz Borkenau (1900-1957), qui voit dans le capitalisme le déterminant majeur du mécanisme[2]. Cette lecture ne satisfait pas Canguilhem, car elle passe sous silence une dimension centrale, la dimension proprement technique de ce qui s'est joué au cours de cette histoire :

> Descartes a donc rationalisé consciemment une technique machiniste, beaucoup plus qu'il n'a traduit inconsciemment les pratiques d'une économie capitaliste. La mécanique est, pour Descartes, une *théorie des machines*, ce qui suppose d'abord une invention spontanée que la science doit ensuite consciemment et explicitement promouvoir[3].

Cette citation ne fait pas qu'introduire un nouveau protagoniste, la technique, elle montre également que la technique, pour Canguilhem, vient en amont de la science et n'en est pas l'application. C'est là une nouvelle manière de prendre le contre-pied du positivisme comtien, pour qui la technique est fondamentalement de la science appliquée. Cette thèse de l'antériorité de la technique, comme nous allons le voir plus loin, occupe une place centrale au sein de la philosophie biologique canguilhémienne. Pour l'auteur, il ne fait aucun doute que, pour ce qui concerne la question qu'il s'est donnée ici, l'hypothèse proposée par Borkenau ne résiste pas à l'étude attentive du corpus cartésien :

> En conséquence, nous dirons que Descartes a intégré à sa philosophie un phénomène humain, la construction des

1. LCV, p. 137-138.
2. LCV, p. 139-140.
3. LCV, p. 140.

machines, plus encore qu'il n'a transposé en idéologie un phénomène social, la production capitaliste[1].

« Les rapports du mécanisme et de la finalité »

Classiquement, le mécanisme, dans les sciences de la vie, est souvent vu comme un antidote au finalisme et donc comme une condition de possibilité d'une approche scientifique des phénomènes vitaux. Par finalisme, il faut entendre un corps de doctrines qui postule que la finalité est une explication acceptable des phénomènes. Une conception finaliste de la nature admet que des causes finales (selon la terminologie d'Aristote), des buts, sont réellement poursuivis par les phénomènes, et par conséquent qu'il est pertinent d'intégrer celles-ci aux explications qu'on en donne. Ainsi, le sang circule dans les vaisseaux *pour* irriguer les tissus organiques. À l'inverse, le mécanisme ferait fi de tout recours à la finalité. Dans un cadre mécaniste, le mouvement du sang n'est plus que la conséquence (mécanique) de l'action d'une pompe (mécanique), le cœur. De ce point de vue, l'opposition entre finalisme (Aristote) et mécanisme (Descartes) est un lieu commun de la philosophie. C'est une telle rupture que Canguilhem se propose de tempérer ici :

> En somme nous proposerions de lire que dans la théorie de l'animal-machine [Descartes], où l'on voit généralement une rupture avec la conception aristotélicienne de la causalité [finalisme], tous les types de causalité invoqués par Aristote se retrouvent [dont la cause finale], mais non pas au même endroit et non pas simultanément[2].

1. LCV, p. 141.
2. LCV, p. 144.

Deux arguments sont produits au soutien de cette thèse. Le premier consiste dans l'antériorité de la vie sur la machine[1]. Si les machines sont elles-mêmes des imitations de l'organique, des copies du vivant, alors le mécanisme est une sorte de tautologie, de raisonnement circulaire où l'explication de la vie par la machine ignore que la machine se moule sur la vie. Le second, qui n'est pas indépendant du précédent, tient au fait que si le *fonctionnement* d'une machine est bien mécanique (tel ressort aura une action mécanique sur tel levier, etc.), la *construction* de cette machine ne l'est pas. Il a fallu, pour construire cette machine la finalité d'un projet proprement humain :

> À la vérité, on ne peut pas, semble-t-il, opposer mécanisme et finalité, on ne peut pas opposer mécanisme et anthropomorphisme, car si le fonctionnement d'une machine *s'explique* par des relations de pure causalité, la construction d'une machine ne *se comprend* ni sans la finalité, ni sans l'homme. Une machine est faite par l'homme et pour l'homme, en vue de quelques fins à obtenir, sous forme d'effets à produire[2].

Aussi bien pour Canguilhem, la rupture du mécanisme avec le finalisme est loin d'avoir l'évidence qu'on lui prête habituellement. Les machines ne se construisent pas elles-mêmes, « il n'y a pas de machine à construire des machines »[3]. Par conséquent, « on voit mal [...] où se trouve l'opposition entre le mécanisme et la finalité »[4].

1. LCV, p. 144-145.
2. LCV, p. 146.
3. LCV, p. 147.
4. LCV, p. 148.

« Le renversement du rapport traditionnel entre machine et organisme »

« Nous voici parvenus au point où le rapport cartésien entre la machine et l'organisme se renverse », indique clairement Canguilhem à l'orée de ce troisième moment de sa démonstration. Étant donné que le mécanisme nécessite, chronologiquement et matériellement, l'organique, ce n'est pas l'organisme qu'il faut penser à la lumière de la machine, mais plutôt la machine qu'il faut penser à la lumière de l'organisme. C'est là le « renversement » dont il est explicitement question. Il en résulte que rien n'oblige à concevoir un organisme comme un mécanisme, et dans ces paragraphes, notre auteur va s'appliquer à accuser les différences entre les deux.

L'une d'elles, particulièrement significative, et qui à nouveau semble aller contre l'intuition, est que la finalité dans la machine est en fait supérieure à la finalité dans l'organisme. À l'intérieur d'une machine, chaque mécanisme a une fonction strictement définie et ne peut en changer, alors qu'au sein d'un organisme, le rapport entre organe et fonction est bien plus élastique, un organe pouvant concourir à la réalisation de plusieurs fonctions et une fonction pouvant être prise en charge par différents organes. Le cerveau est le modèle d'une telle « vicariance des fonctions », d'une telle « polyvalence des organes »[1].

Ceci conduit Canguilhem, pour la première fois dans ce livre, à introduire la notion de norme, si centrale dans sa thèse de médecine (1943) et que nous retrouverons plus loin dans l'étude « Le normal et le pathologique ». La norme, en tant que référence de fonctionnement, est,

1. LCV, p. 150.

pour une machine, rigidement imposée de l'extérieur. Elle est ce que son concepteur avait prévu pour elle. Tout au contraire, pour un organisme, elle est sans cesse à redéfinir. Sa finalité est interne (et non plus externe) : se maintenir dans son être. La norme organique est ainsi le résultat fragile et temporaire de la rencontre entre un individu (une totalité intégrée) et un milieu :

> Un organisme a donc plus de latitude d'action qu'une machine. Il a moins de finalité et plus de potentialités. La machine, produit d'un calcul, vérifie les normes du calcul, normes rationnelles d'identité, de constance et de prévision, tandis que l'organisme vivant agit selon l'empirisme. La vie est expérience, c'est-à-dire improvisation, utilisation des occurrences; elle est tentative dans tous les sens[1].

Étant donné la plasticité des normes vitales, il peut exister des organismes monstrueux car « la vie tolère des monstruosités », ce qui n'a aucun sens pour une machine. Il n'y a pas de machines monstrueuses, sauf dans un sens métaphorique, car « il n'y a pas de distinction du normal et du pathologique en physique et en mécanique »[2]. Là encore, ces quelques remarques incidentes vont donner lieu à des développements bien plus fournis plus loin dans le recueil, dans le dernier texte intitulé « La monstruosité et le monstrueux ».

L'impossible réduction d'un organisme à un mécanisme trouve son argument scientifique le plus puissant, selon Canguilhem, dans un phénomène en particulier, celui du développement embryonnaire. Sur ce point, rien là d'original, car depuis Descartes au moins

1. LCV, p. 151-152.
2. LCV, p. 152.

on a régulièrement opposé aux tenants du mécanisme l'impossibilité d'expliquer mécaniquement l'ontogenèse des vivants, le processus qui permet à un œuf de devenir un adulte viable. On sait que les différentes théories de la préformation ont été autant de tentatives de contourner cette difficulté : après Descartes, on aura pu imaginer que la machine était déjà tout entière dans l'œuf, préformée, et que le développement est à prendre au pied de la lettre comme le déploiement dans l'espace d'une forme déjà là. Une telle proposition conduira à une longue opposition entre partisans de la préformation et partisans de l'épigenèse, ces derniers estimant que l'organisme se forme progressivement à partir de quelque chose qui n'est pas déjà un adulte en miniature. Cette opposition sera particulièrement vive au cours de la période 1680-1750 environ. Qu'en est-il au moment où Canguilhem écrit ces lignes ?

Comme nous le verrons plus en détail au chapitre suivant, l'embryologie expérimentale des années de l'entre-deux-guerres a conduit à des progrès considérables dans la compréhension du développement embryonnaire, qu'on ne conçoit plus, depuis longtemps, comme la simple révélation d'un adulte en germe. Ici, ce sont à nouveau les travaux sur la larve d'oursin qui sont convoqués par l'auteur, car ils montrent que la production de l'adulte tolère de nombreuses perturbations, parfois extrêmement significatives. Quand bien même certaines cellules sont détruites, à des stades précoces du développement, c'est toujours bien une larve viable qu'engendre ce processus. De ce point de vue, il est certain que « le développement embryologique se laisse difficilement réduire à un modèle mécanique »[1].

1. LCV, p. 153.

« Les conséquences philosophiques de ce renversement »

Maintenant qu'est établie « l'antériorité de l'organisation biologique comme une des conditions nécessaires de l'existence et du sens des constructions mécaniques »[1], Canguilhem envisage, dans un dernier mouvement, ce qu'il nomme les « conséquences philosophiques de ce renversement ». On pourrait en effet objecter à ce renversement qu'il n'est que de façade. Si certes il faut des vivants pour faire des machines, étant donné que celles-ci sont l'application de la théorie physique, les vivants seraient réduits au rôle de simples fabricateurs d'artefacts engendrés, ultimement, par la science mécanique. C'est ce qu'invite à penser la tradition positiviste, qui assimile la technique à une application de la science : « Science d'où prévoyance, prévoyance d'où action » disait déjà Auguste Comte.

Pour Canguilhem, il n'en est rien, et le renversement des rapports entre machine et organisme est lui-même fondé sur un renversement des rapports entre science et technique. À l'échelle de l'histoire humaine, il est incontestable qu'*Homo faber* (l'homme fabricateur) a largement précédé *Homo sapiens* (l'homme savant). L'homme a su construire des machines bien avant qu'il n'ait su comment il y était parvenu :

> L'antériorité logique de la connaissance de la physique sur la construction des machines, à un moment donné, ne peut pas et ne doit pas faire oublier l'antériorité chronologique et biologique absolue de la construction des machines sur la connaissance physique[2].

1. LCV, p. 154.
2. LCV, p. 155.

À ce stade de son raisonnement, c'est de Kant dont se réclame Canguilhem, en le faisant jouer contre Descartes[1]. Au-delà de Kant, et plus près du XXe siècle, l'auteur souligne sa dette envers les premiers philosophes de la technique, comme Ernst Kapp (1808-1896) ou Alfred Espinas (1844-1922), dont il a médité les ouvrages. C'est d'eux qu'il tient la théorie dite de la « projection organique », qui postule que « les premiers outils ne sont que le prolongement des organes humains en mouvement »[2]. Bien sûr, Canguilhem est bien conscient que, pour suggestive et stimulante qu'elle soit, cette conception des origines de la technique échoue à rendre compte de certains cas, comme celui de l'invention du feu ou de la roue. Mais, dans l'ensemble, cela ne remet pas en cause sa pertinence, à tel point qu'il en fait une pièce essentielle d'une « philosophie biologique de la technique ». Où l'on voit comment, progressivement, Canguilhem continue de travailler philosophiquement à l'articulation de ses thèses sur la connaissance, la vie et la technique, thèses qui forment le noyau de sa propre philosophie biologique.

Pour terminer, il faut indiquer que cette élaboration en devenir a été nourrie, Canguilhem ne s'en cache pas, d'une part par le livre *Milieu et Techniques* (1945) de l'anthropologue André Leroi-Gourhan (1911-1986) et d'autre part par les écrits de Bergson. Du premier il retient l'irrationalité des techniques, « l'origine irrationnelle des machines »[3]. Du second, avec qui il dialogua durant la majeure partie de son œuvre, il loue sa témérité philosophique, qui lui a permis de considérer « l'invention

1. LCV, p. 155-156.
2. LCV, p. 158.
3. LCV, p. 161.

mécanique comme une fonction biologique »[1]. Fort de tels appuis, il lui semble bien que sa démonstration ne puisse plus être contestée. Dans un ultime paragraphe d'une parfaite limpidité, Canguilhem en résume les enjeux et les conclusions :

> En résumé, en considérant la technique comme un phénomène biologique universel et non plus seulement comme une opération intellectuelle de l'homme, on est amené d'une part à affirmer l'autonomie créatrice des arts et des métiers par rapport à toute connaissance capable de se les annexer pour s'y appliquer ou de les informer pour en multiplier les effets, et par conséquent, d'autre part, à inscrire le mécanique dans l'organique. Il n'est plus, alors, naturellement question de se demander dans quelle mesure l'organisme peut ou doit être considéré comme une machine, tant au point de vue de sa structure qu'au point de vue de ses fonctions. Mais il est requis de rechercher pour quelles raisons l'opinion inverse, l'opinion cartésienne, a pu naître. Nous avons tenté d'éclairer ce problème[2].

LE VIVANT ET SON MILIEU

Ce texte vient clore le triptyque central de *La connaissance de la vie*, triptyque qui donne les principales clefs de ce qu'est la philosophie biologique au sens de Canguilhem, au moment (le milieu des années 1940) où il fut le plus proche d'être à même de mener à bien cette entreprise proprement philosophique. Depuis 1952 et surtout depuis l'édition de 1965, ces trois textes ont continué d'être lus et commentés, au moins de loin en

1. LCV, p. 161.
2. LCV, p. 163-164.

loin. Néanmoins, « Le vivant et son milieu » est peut-être celui qui a retrouvé la visibilité la plus nette, à la faveur de l'émergence de la thématique de l'environnement au sein des sciences sociales en général et en philosophie en particulier. Pour une frange de chercheurs en sciences humaines – au-delà des seuls philosophes donc, c'est par « Le vivant et son milieu » qu'on peut percevoir quelque chose comme un retour à Canguilhem.

Comme souvent, c'est une intention éthique et politique qui motive cette enquête. Dès les premières lignes de ce texte, il est indiqué que la notion de milieu trouve depuis peu une nouvelle actualité, à tel point qu'« on pourrait presque parler de sa constitution comme catégorie de la pensée contemporaine »[1]. De cela, Canguilhem ne se réjouit pas, car ce qui guette derrière ce retour en force de la catégorie de milieu, c'est la menace d'une déshumanisation, sous la forme par exemple du travail à la chaîne ou bien encore du behaviorisme. Dans un cas comme dans l'autre on réduit le vivant – en l'occurrence le vivant humain – à une somme de réflexes, à un automate passif conditionné de l'extérieur par ce qui émane de son milieu. En bref, on le dénature, ce qui est philosophiquement intolérable pour cet auteur (gardons toujours à l'esprit que, quelques années plus tôt seulement, l'Europe s'était perdue dans une entreprise de déshumanisation d'échelle industrielle). D'un bout à l'autre, avec constance mais néanmoins obliquement, ce qui est visé, sans l'ombre d'un doute, c'est une telle conception mécaniste du milieu qui annule, une fois encore, la réactivité vitale, le tonus propre des êtres vivants. C'est dans la biologie et l'histoire de la biologie que Canguilhem va vouloir trouver les ressources pour

1. LCV, p. 165.

s'opposer à cette négation du vital. Son propos éthique et politique, il prend le risque de le faire reposer sur des arguments épistémologiques et scientifiques (chose relativement courante dans ses écrits).

À l'inverse de ce qui était le cas pour « Aspects du vitalisme » et « Machine et organisme », aucun plan n'est esquissé ici. On peut néanmoins constater que ce long texte articule essentiellement deux mouvements. Dans un premier temps, il est question de revenir sur les origines, effectivement mécanistes, de la notion de milieu en science, et de voir comment cela a conduit, dans l'histoire de la biologie, à une conception erronée des organismes et du rapport qu'ils entretiennent à leur environnement. Dans un second temps, c'est à un nouveau renversement que nous invite Canguilhem. Il s'agit de substituer à la conception mécaniste, où l'abiotique contrôle l'organique au point d'en dissoudre toute spécificité, une conception proprement biologique, où le vivant, centre de valeurs vitales, est créateur de son milieu.

Les origines mécanistes de la notion de milieu

À la manière de l'enquête produite sur les origines de la théorie cellulaire, l'enjeu de la première partie de ce texte est celui d'un retour aux origines de la notion de milieu. À nouveau, l'histoire doit informer le jugement philosophique. Il ne s'agit pas de faire l'histoire pour elle-même, mais de tirer de l'histoire des leçons quant au « sens et à la valeur »[1] du concept de milieu. Cette articulation du descriptif (l'histoire) et du normatif (la philosophie) est nettement revendiquée :

1. LCV, p. 165.

> Il convient donc d'examiner tour à tour les composantes simultanées et successives de la notion de milieu, les variétés d'usage de cette notion, de 1800 à nos jours, les divers renversements du rapport organisme-milieu, et enfin la portée philosophique générale de ces renversements[1].

À cette occasion, on retrouve le goût de Canguilhem (le Canguilhem de cette époque, celui qui n'est pas encore le directeur de l'Institut d'histoire des sciences et des techniques de la Sorbonne) pour les filiations et les généalogies. Où trouver les origines du concept de milieu ? Il ne s'agit pas que d'une question de période historique et de chronologie, mais aussi de champ disciplinaire. Au sein de quel cadre théorique cette notion a-t-elle vu le jour ? Il l'indique d'emblée, c'est du côté de la mécanique (et donc de la physique) qu'on pourra trouver cette origine, ce qui le conduit, partant de Newton, à proposer une première filiation qui, via Buffon une nouvelle fois, passe par Lamarck, Blainville, Geoffroy Saint-Hilaire et Comte[2]. Avec Newton comme premier concepteur puis Buffon comme premier introducteur dans les sciences de la vie, on se retrouve avec une configuration quasi identique à celle esquissée dans « La théorie cellulaire », ce qui en dit autant sur les lectures de Canguilhem que sur l'histoire des idées. La généalogie ne s'arrête pas à Auguste Comte et aux années 1830-1840. Notre auteur met ensuite en exergue le rôle tenu par l'historien Hippolyte Taine (1828-1893), lui-même savant positiviste et qui voyait le « milieu » comme un déterminant majeur de l'homme, en plus de la « race » et du « moment ». Selon sa lecture, c'est Taine qui aurait

1. LCV, p. 165-166.
2. LCV, p. 166.

popularisé l'usage du terme dans différents domaines, et notamment dans les sciences de la vie.

Cette rapide généalogie (très franco-française) étant esquissée, Canguilhem va maintenant revenir plus en détail sur certains moments qu'il juge plus significatifs que d'autres. Le premier, le moment fondateur, est bien sûr celui de la formation du concept de milieu au sein de la mécanique newtonienne. Une telle notion n'aurait aucun sens chez Descartes, puisque sa physique ne reconnaît pas l'action à distance, mais seulement l'action par contact direct. Chez Newton, au contraire, tout repose sur la possibilité d'une action à distance, via des forces dont il était difficile de comprendre quel pouvait être leur éventuel support matériel. C'est pour cette raison que Newton en est venu à postuler l'existence de fluides baignant les corps pesants et à même de transmettre l'action des forces physiques. Chez lui, le milieu est un « mi-lieu », un intermédiaire entre deux corps :

> On conçoit par conséquent que Newton ait été conduit à poser le problème du véhicule de l'action. L'éther lumineux est pour lui ce fluide véhicule de l'action. Par là s'explique le passage de la notion de fluide véhicule à sa désignation comme milieu. Le fluide est l'intermédiaire entre deux corps, il est leur milieu ; et tant qu'il pénètre tous ces corps, ces corps sont situés au milieu de lui[1].

C'est bien cette idée de fluides environnants que l'on retrouve chez Lamarck, le premier à théoriser la notion de milieu (au pluriel chez lui) dans le giron des sciences de la vie. Pour Lamarck, les corps vivants sont des entités continuellement traversées par des fluides de natures diverses : électrique, calorique, etc. Au-delà de Lamarck,

1. LCV, p. 167.

c'est à Auguste Comte, selon Canguilhem, que l'on doit le projet d'« une théorie biologique générale du milieu »[1]. À cette occasion, l'inclination mécaniste du concept commence à s'estomper. Plutôt que de fluides, on parle de « circonstances », c'est-à-dire de tout ce qui est nécessaire à un organisme pour qu'il puisse vivre. Dans ce contexte, Comte propose que l'espèce humaine se distingue par sa capacité à modifier son milieu. Pour ce seul cas, il y aurait donc l'instauration d'une forme de dialectique : les humains seraient autant déterminés par leur milieu qu'ils détermineraient eux-mêmes les caractéristiques de celui-ci. Mais Canguilhem note qu'il s'agit là d'une exception chez Comte, qui nie qu'il puisse en être ainsi pour les autres vivants. Chez la plupart des savants du XIXe siècle, la causalité ne s'exerce que dans un seul sens, depuis le milieu vers le vivant.

Les origines mécanistes du milieu auraient donc eu comme conséquence de conduire la biologie naissante, dans sa volonté de mimer la physique, à se représenter les vivants comme des entités passives, dominées de part en part par leur milieu[2]. L'originalité de l'organisme, une fois encore, n'est pas perçue. Il est nié comme individualité, dissous dans les paramètres abiotiques (température, pesanteur, humidité, etc.) de son milieu. C'est ce que Canguilhem signifie lorsqu'il écrit :

> À partir de là on peut comprendre le prestige de la notion de milieu pour la pensée scientifique analytique. Le milieu devient un instrument universel de dissolution des

1. LCV, p. 169.
2. LCV, p. 171.

> synthèses organiques individualisées dans l'anonymat des éléments et des mouvements universels[1].

Cette conception cartésienne, où, à nouveau, le vivant est réduit à un automate conditionné, va culminer au tournant du XXe siècle, quand il y aura des biologistes, et non des moindres[2], pour affirmer, par exemple, que « les poissons ne mènent pas leur vie d'eux-mêmes, c'est la rivière qui la leur fait mener, ils sont des personnes sans personnalité »[3]. Dans ces conditions, c'en est fini de la biologie, qui n'est plus qu'un chapitre d'une mécanique hégémonique.

Les paragraphes qui suivent, du bas de la page 173 jusqu'à la page 177, Canguilhem les consacre à la manière dont la question des rapports entre l'organisme et son milieu a elle-même été prise dans l'opposition entre lamarckisme et darwinisme. Cette opposition, très structurante au cours de la période 1870-1930, a vu s'affronter deux conceptions du milieu. Chez les biologistes lamarckiens, le milieu, souvent réduit à sa dimension abiotique, consiste pour l'essentiel dans les variables physico-chimiques capables d'engendrer des conséquences sur les êtres vivants. À la longue, si l'action de ces milieux se répète au cours des générations, on imaginait que ces conséquences anatomiques, morphologiques ou physiologiques pouvaient devenir héréditaires. C'était là le fameux principe d'hérédité des caractères acquis, qui avait été établi, pour les biologistes lamarckiens de cette

1. LCV, p. 172.

2. *Cf.* chapitre 5, p. 165 *sq.*

3. LCV, p. 173. Canguilhem cite ici un extrait d'un livre du zoologiste Louis Roule (1861-1942), professeur au Muséum national d'Histoire naturelle de Paris.

période, par Lamarck, durant les toutes premières années du XIXe siècle.

Canguilhem note ici une différence qu'il estime (à tort) significative entre la conception de Lamarck et celle de ses émules auto-proclamés. Chez Lamarck, c'est par le truchement du besoin que le milieu impacterait l'organisme, et, de ce fait, « c'est le vivant lui-même qui a, au fond, l'initiative de l'effort qu'il fait pour n'être pas lâché par son milieu »[1]. Comme précédemment, la lecture ici proposée des conceptions de Lamarck est contestable, car Canguilhem ne voit pas que ce que Lamarck appelle « besoin » n'a aucune dimension psychologique ni aucune forme de normativité. Derrière ce terme trompeur, il s'agit ni plus ni moins que de mécanique des fluides (celle à l'œuvre dans le cerveau des animaux), c'est-à-dire une inféodation intégrale du vivant à son milieu.

Si la caractérisation canguilhémienne de Lamarck est critiquable, celle qu'il propose de Darwin demeure, elle, tout à fait fondée. Il souligne le changement que le darwinisme participe à produire quant à la notion de milieu. À partir de Darwin, le milieu est aussi, et même avant tout, un ensemble de vivants :

> Le rapport biologique fondamental, aux yeux de Darwin, est un rapport de vivant à d'autres vivants; il prime le rapport entre le vivant et le milieu, conçu comme ensemble de forces physiques. Le premier milieu dans lequel vit un organisme, c'est un entourage de vivants qui sont pour lui des ennemis ou des alliés, des proies ou des prédateurs[2].

1. LCV, p. 174.
2. LCV, p. 175.

C'est à ce moment, au moyen d'un paragraphe remarquablement poli, que l'auteur propose une mise en regard des théories de Lamarck et de Darwin extrêmement suggestive et pénétrante, qui, toujours aujourd'hui, devrait faire office de référence pour l'histoire et la philosophie de la biologie. Elle ramasse en quelques phrases l'essence de chacune de ces deux conceptions orthogonales (mais non pas antagonistes) de la vie et des vivants :

> Ces deux authentiques biologistes sont complémentaires. Lamarck pense la vie selon la durée, et Darwin plutôt selon l'interdépendance ; une forme vivante suppose une pluralité d'autres formes avec lesquelles elle est en rapport. La vision synoptique qui fait l'essentiel du génie de Darwin fait défaut à Lamarck. Darwin s'apparente davantage aux géographes, et on sait ce qu'il doit à ses voyages et à ses explorations. Le milieu dans lequel Darwin se représente la vie du vivant, c'est un milieu biogéographique[1].

On ne saurait mieux qualifier le concept darwinien de milieu. Celui-ci est bien d'inspiration « géographique » dans la mesure où ce qui compte, notamment du point de vue de la sélection naturelle, ce sont les relations entre organismes qui sont à la base de la lutte pour l'existence (le « struggle for life ») que l'on appellera plus tard compétition écologique. Bien qu'il n'utilisât pas le terme, c'est la dimension écologique du milieu que Darwin aida à faire émerger. Le geste darwinien est tout sauf neutre dans l'histoire du concept de milieu que Canguilhem s'efforce de reconstruire. Selon sa lecture, c'est précisément cette conception géographique qui va permettre de dé-mécaniser la notion. C'est à partir de là

1. LCV, p. 177.

qu'une autre conception, respectueuse de l'originalité du vital et qui ne réduit pas les organismes à des automates passifs, allait pouvoir émerger. C'est à cet endroit du texte que Canguilhem commence à développer cette alternative, qu'il conçoit comme un renversement du rapport entre le vivant et son milieu.

Vers un nouveau renversement : le vivant créateur de son milieu

Depuis la fin du XIXe siècle donc, il a existé des conceptions alternatives du milieu, et surtout des conceptions alternatives du rapport entre le vivant et son milieu. Prenant d'abord l'homme comme exemple, Canguilhem souligne que face à « un même problème posé par le milieu », il « peut apporter plusieurs solutions ». Ce qui signifie que « le milieu propose sans jamais imposer une solution »[1]. Par conséquent, on s'écarte de la conception mécaniste impliquant l'inféodation au milieu. On s'en écarte d'autant plus que l'auteur conçoit très explicitement, à ce moment de son argumentation, que l'homme puisse être une force de façonnement de ses propres milieux, « créateur de configuration géographique »[2]. Cette thèse anticipe tout ou partie du concept contemporain d'anthropocène, nouvelle époque géologique où l'activité humaine est devenue le facteur principal de façonnement de la planète.

Dans les pages qui suivent, Canguilhem appuie largement son propos sur les idées développées d'une part par l'éthologue Jakob von Uexküll (1864-1944) et d'autre part par le neurologiste et psychiatre Kurt

1. LCV, p. 181.
2. LCV, p. 182.

Goldstein (1878-1965), tous deux allemands (le tropisme germanique des sources canguilhémiennes n'est pas neutre et est lié à sa formation strasbourgeoise, comme nous le verrons dans le chapitre 4). Il crédite ces deux auteurs d'avoir contribué à la possibilité du renversement qu'il appelle de ses vœux dans la caractérisation de la relation entre le vivant et son milieu. Ce qui fait le propre du vivant, c'est précisément de « se faire son milieu, de se composer son milieu »[1]. Ainsi, dès que l'on impose un milieu artificiel à un vivant (comme cela peut arriver dans certaines configurations expérimentales), cela aboutit à la négation de la spécificité vitale. C'est alors la même erreur, la même perte de « sens biologique », que lorsqu'on décompose un organisme en mécanismes indépendants. Ce faisant, on évacue une dimension fondamentale, le fait que ces organismes sont des totalités et non des agrégats. Or, prévient Canguilhem, « entre l'organisme et l'environnement, il y a le même rapport qu'entre les parties et le tout à l'intérieur de l'organisme lui-même »[2]. Dans un cas comme dans l'autre, une compréhension mécaniste sera au mieux scientifiquement incomplète, et de toute façon philosophiquement fautive.

Que veut dire « composer son milieu » pour un être vivant ? Dans quel sens doit-on comprendre que le vivant « se fait » son milieu ? Dans un sens fort, cela signifie que, comme c'est le cas pour l'homme, certains vivants sont capables de transformer matériellement leur environnement pour en faire d'authentiques milieux de vie. Les castors font exactement cela quand ils construisent leur barrage. Dans un sens plus faible, mais qui suffit à

1. LCV, p. 184.
2. LCV, p. 184.

la démonstration de Canguilhem, cela signifie que les paramètres qui définissent un environnement donné n'appartiennent pas nécessairement au milieu d'un organisme qui vit dans cet environnement. Certains seront des stimuli pour ce vivant, négatifs (la présence de prédateurs) ou positifs (un certain degré d'hygrométrie), mais d'autres ne le seront pas. Ceux-là n'appartiennent pas au milieu, au sens biologique du terme.

Pour mieux faire saisir cet aspect central de son argumentation, Canguilhem met à profit le vocabulaire (allemand) mis en avant par Uexküll, qui distinguait « Umwelt » et « Umgebung ». La « Umgebung », ce serait l'environnement au sens géographique et objectif. La « Umwelt », ce serait le milieu, c'est-à-dire, au sein de l'environnement, ce qui fait sens (biologiquement) pour un vivant donné : « la *Umwelt* de l'animal n'est rien d'autre qu'un milieu centré par rapport à ce sujet de valeurs vitales en quoi consiste essentiellement le vivant »[1].

Ceci va permettre à Canguilhem d'accuser encore davantage le renversement qu'il souhaite opérer. Nous l'avons vu, dans le cadre d'une conception mécaniste, c'est le milieu qui domine le vivant, qui en conditionne de manière déterminée l'existence. Avec Uexküll, la relation se rééquilibre. Avec Goldstein, dont Canguilhem, comme d'autres, a pris connaissance des idées principales par l'entremise du livre *La structure de l'organisme* (1934), la relation de domination s'établit cette fois-ci au détriment du milieu, qui serait en quelque sorte une projection extracorporelle de l'organisme lui-même. Voilà pourquoi on peut dire qu'un vivant « se fait » un milieu :

1. LCV, p. 185-186.

> Entre vivant et le milieu, le rapport s'établit comme un débat (*Auseinandersetzung*) où le vivant apporte ses normes propres d'appréciation des situations, où il domine le milieu, et se l'accommode[1].

Cette domination/fabrication du milieu par le vivant ne se fait pas n'importe comment. Elle est l'expression directe de ce que Canguilhem appelle régulièrement les « valeurs vitales ». Un être vivant ne doit pas être considéré comme une chose mais précisément comme un être, c'est-à-dire une entité douée de sens et qui agit sur le monde en fonction de celui-ci. Si Goldstein avait posé que « le sens d'un organisme, c'est son être », Canguilhem préfère renverser les termes de la formule en affirmant que « l'être d'un organisme, c'est son sens »[2]. Cela signifie que tout vivant, même une amibe (être unicellulaire très simple qui revient de loin en loin sous sa plume), tant qu'il est en vie, n'est pas dans une relation d'indifférence avec son environnement. Il le façonne en fonction de son être et c'est cette relation polarisée que la biologie se doit de prendre en compte. En termes canguilhémiens, cela donne :

> La biologie doit donc tenir d'abord le vivant pour un être significatif, et l'individualité, non pas pour un objet, mais pour un caractère dans l'ordre des valeurs. Vivre c'est rayonner, c'est organiser le milieu à partir d'un centre de référence qui ne peut lui-même être référé sans perdre sa signification originale[3].

1. LCV, p. 187.
2. LCV, p. 188.
3. LCV, p. 188.

Après quelques pages où l'auteur s'aventure, avec plus ou moins de réussite et de perspicacité, sur le terrain de la génétique et des conceptions (scientifiquement dénuées de sens et strictement idéologiques) de l'agronome soviétique Trofim Lyssenko (1898-1976), il revient, dans les derniers paragraphes du texte, sur ce qui constitue le point central de celui-ci, sur le renversement qu'il espère avoir contribué à opérer. Mais plus encore, il souhaite relier sa thèse sur le vivant et son milieu à celle sur la connaissance comme produit de la vie, les deux étant dans une interrelation très étroite jugée elle-même extrêmement significative.

À nouveau, il ne faut pas le cacher, ces ultimes paragraphes sont d'une lecture difficile. Ils opposent la conception scientifique de l'environnement, objective, quantitative, homogène et isotrope (l'univers au sens de la « physique d'Einstein »), à la conception biologique du milieu, subjective, qualitative, hétérogène et centrée sur des organismes qui sont d'authentiques individus exprimant des valeurs (le milieu au sens de l'éthologie d'un Uexküll). Une certaine conception de la science (scientiste ou physiciste), et Canguilhem le déplore, a conduit à oublier qu'il y a autant de milieux que de vivants, et donc à conférer au « milieu propre » de l'homme « une sorte de privilège sur les milieux propres des autres vivants »[1]. Selon lui, cela n'a aucun sens, car « le milieu des valeurs sensibles et techniques de l'homme n'a pas en soi plus de réalité que le milieu propre du cloporte ou de la souris grise »[2].

1. LCV, p. 196.
2. LCV, p. 196.

Canguilhem semble ensuite concéder que seul l'environnement physique et chimique, tel que révélé par la science, pourrait, à la limite, être considéré comme « réel », ce qui entraînerait la « disqualification au titre d'illusions ou d'erreurs vitales, de *tous* les milieux propres subjectivement centrés, y compris celui de l'homme »[1]. Toutefois, cette concession n'est que de façade, précisément car la science est fondamentalement un produit de la relation entre le vivant et son milieu. Par là, sauf à se nier elle-même, et sans minimiser sa capacité (en un certain sens inhumaine) à produire une connaissance objective, elle est aussi l'expression d'un besoin vital en tant qu'« entreprise aventureuse de la vie »[2]. Elle est donc non pas une métrique absolue qui se situerait hors du milieu propre de l'homme, mais au contraire une dimension de ce milieu. La science la plus mécaniste qui soit ne peut annuler le projet vital qui l'anime. C'est du moins la lecture que nous proposons des derniers paragraphes du texte, que Canguilhem clôt ainsi :

> Mais si la science est l'œuvre d'une humanité enracinée dans la vie avant d'être éclairée par la connaissance, si elle est un fait dans le monde en même temps qu'une vision du monde, elle soutient avec la perception une relation permanente et obligée. Et donc le milieu propre des hommes n'est pas situé dans le milieu universel comme un contenu dans son contenant. Un centre ne se résout pas dans son environnement. Un vivant ne se réduit pas à un carrefour d'influences. D'où l'insuffisance de toute biologie qui, par soumission complète à l'esprit des sciences physico-chimiques, voudrait éliminer de

1. LCV, p. 196.
2. LCV, p. 197.

son domaine toute considération de sens. Un sens, du point de vue biologique et psychologique, c'est une appréciation de valeurs en rapport avec un besoin. Et un besoin, c'est pour qui l'éprouve et le vit un système de référence irréductible et par là absolu[1].

1. LCV, p. 197.

CHAPITRE 3

« PHILOSOPHIE »
DEUXIÈME PARTIE

Les deux derniers textes rassemblés dans la section « Philosophie », « Le normal et le pathologique » et « La monstruosité et le monstrueux » (ce dernier absent de l'édition de 1952) continuent de travailler la philosophie biologique esquissée dans ce livre, mais selon des perspectives un peu différentes et qui sont directement issues de la thèse de médecine que Canguilhem soutint en 1943. À ce titre, ils forment un ensemble légèrement distinct du triptyque que nous venons d'étudier, il n'est donc pas injustifié, au-delà de considérations pédagogiques, d'en tenter l'analyse dans un chapitre à part.

Sans surprise, la thématique centrale de cette partie du recueil est celle de la normalité, concept médical et biologique dont la portée philosophique est évidente. Dans « Le normal et le pathologique », Canguilhem, dans des termes très proches de ceux de 1943, pose la question de ce qu'est la normalité quand on la confronte au pathologique. Dans « La monstruosité et le monstrueux », il prolonge cette réflexion à la lumière des acquisitions récentes d'une nouvelle science, la tératologie expérimentale, la science du monstrueux, une science dont il n'avait pas encore pu tirer tous les enseignements en 1943. On peut donc lire le premier de ces deux textes comme un retour sur la thèse de médecine et le second comme une sorte de mise à l'épreuve de celle-ci au prisme d'une étude érudite des notions de monstruosité et de monstrueux, notions qui avaient déjà été abordées en 1943, mais de manière bien plus discrète.

LE NORMAL ET LE PATHOLOGIQUE

En dehors du cercle des spécialistes de l'œuvre canguilhémienne, cercle qui connaît une croissance significative depuis une quinzaine d'années, Georges Canguilhem demeure connu pour deux choses essentiellement : son rôle de figure centrale au sein de l'épistémologie historique (Canguilhem historien des sciences) et le contenu de sa thèse de médecine sur les rapports entre le normal et le pathologique (Canguilhem philosophe de la médecine). Le texte « Le normal et le pathologique » fut publié une première fois en 1951, soit huit ans après la soutenance de la thèse de médecine, elle-même devenue un livre d'abord intitulé *Essai sur quelques problèmes concernant le normal et le pathologique*.

L'argumentation du texte de 1951 est largement congruente avec celle de la thèse de 1943 bien qu'elle n'en reproduise pas les étapes. En une vingtaine de pages, Canguilhem condense l'essentiel de sa conception philosophique de ce que doit être une bonne compréhension des rapports entre le normal et le pathologique. Pour bien saisir les enjeux de ce texte où l'auteur se permet, encore plus que d'habitude, d'être parfois très allusif, il semble nécessaire de commencer par rappeler, dans ses grandes lignes, la thèse (au sens philosophique) que Canguilhem défendit en juin 1943 devant un jury de soutenance constitué par des médecins.

Le pathologique n'est pas une altération quantitative du normal : retour sur la thèse de 1943

La médecine scientifique s'est largement constituée en identifiant l'état pathologique à une variation quantitative de l'état normal. Le cas du diabète illustre bien cette transformation et son bien-fondé. Cette pathologie se caractérise par un écart (quantitatif et mesurable) de la concentration de sucre (glucose) dans le sang par rapport à la référence que constitue la valeur de 0,8 gramme par litre. Chez une personne en bonne santé, au cours de la journée, la valeur réelle oscillera peu autour de la valeur « normale », qui est une valeur moyenne calculée sur une fraction de la population humaine. Chez une personne diabétique, en revanche, les variations seront extrêmement marquées : la concentration sanguine en sucre n'est plus régulée.

Dans la seconde moitié du XIXe siècle, le diabète, dont les signes cliniques étaient connus depuis longtemps, a changé de statut. D'un spectre de symptômes, cette pathologie est devenue une altération quantitative d'une variable physiologique clairement identifiée. Là où auparavant on voyait le diabète, à l'instar des autres maladies, comme une entité propre, en quelque sorte « surajoutée » au fonctionnement normal, on a fini par comprendre qu'il n'y avait pas de différence de nature entre la maladie et la santé, mais simplement une différence de degré. Parmi les savants qui contribuèrent au premier chef à ce changement de perspective, Claude Bernard tint une place de choix. On ne s'étonnera pas qu'il soit abondamment discuté dans la thèse de médecine. Pour Bernard, comme pour beaucoup d'autres à compter de

1850, le pathologique n'est qu'une variation du normal, et, partant, il est indispensable de fonder la médecine scientifique sur la physiologie expérimentale. C'est là tout le projet dont l'*Introduction à l'étude de la médecine expérimentale* a tenté de dessiner les grandes lignes.

Formé lui-même à la médecine à compter de 1936 (Canguilhem a alors trente-deux ans et enseigne depuis plusieurs années la philosophie en classes préparatoires), il ne s'agit pas, pour celui-ci, de nier la pertinence et la fécondité de cette approche quantitative. Bien que certaines tournures de phrases, sorties de leur contexte, puissent parfois être équivoques, il faut y insister : Canguilhem ne doit jamais être vu comme un ésotérique célébrant les pouvoirs d'une vie inconnaissable par la science. D'un bout à l'autre de son œuvre, il est bien un rationaliste, mais un rationaliste exigeant. C'est-à-dire un rationaliste qui demande des comptes à la raison scientifique dans le sens où il exhorte le biologiste (et le médecin) à être vigilant à l'égard du vital. C'est à nouveau cette même exigence que l'on retrouve ici.

La thèse principale est la suivante : le pathologique ne peut être intégralement réduit à un écart quantitatif avec le normal. Par là, Canguilhem ne souhaitait pas revenir à un âge préscientifique. Il voulait rendre la médecine attentive au fait que cette « technique au carrefour de plusieurs sciences », conception bien rendue par l'expression d'*art médical*, a affaire à des patients singuliers exprimant une souffrance et que, si tel est bien le cas, l'épistémologie de la médecine ne pourra jamais être équivalente à celle de la physique ou de la chimie.

L'argumentation canguilhémienne s'enracine dans une critique de la santé entendue au sens statistique. Selon sa conception, il est incorrect d'identifier l'état normal à l'état moyen. De ce point de vue, Canguilhem fait une distinction entre l'« anormal » (le pathologique) et l'« anomal » (le différent), distinction qui n'aurait aucun sens au sein d'une conception quantitative et statistique des rapports entre normal et pathologique. En effet, si le pathologique est un écart à la norme (entendue comme moyenne), alors toute déviation suffisamment significative est, on pourrait dire *mécaniquement*, pathologique. Par conséquent, l'anomal est nécessairement anormal. Si cela se vérifie le plus souvent (la médecine scientifique produit bien des effets), une telle identification n'est pas fondée.

C'est à cette étape décisive de sa démonstration que Canguilhem met au premier plan le fait, crucial à ses yeux, que les entités souffrantes, les patients, sont des individus. Nous avons vu, au cours des deux chapitres précédents, à quel point cette dimension des réflexions canguilhémiennes occupe une place centrale dans la plupart des textes réunis dans *La connaissance de la vie*. En cela, le recueil de 1952 prolongeait très exactement la thèse de médecine de 1943. Historiquement parlant, c'est bien parce qu'il a existé des individus malades que la médecine a pu advenir. Si l'on cherchait à reproduire le style canguilhémien, on pourrait dire que l'homme souffrant a été nécessaire à l'homme savant. Cela ne signifie pas que le malade soit toujours le meilleur juge de son état, ni que l'on ne puisse être malade sans le savoir. Cela veut dire que la médecine, en tant qu'entreprise humaine, n'a de sens que parce que des individus humains ont fait (et continuent de faire) l'expérience d'un état anormal.

L'anormal doit donc se comprendre non pas comme un écart statistique à la moyenne à l'échelle d'une population (ce qu'est l'anomal), mais comme un changement d'un autre ordre, qui implique l'individu singulier. Quel est-il ? Pour en rendre compte, Canguilhem introduit un nouveau concept, celui de « normativité biologique ». C'est là l'apport philosophique principal de la thèse de médecine. Le pathologique ne peut se comprendre, ultimement, que comme une réduction de la capacité d'un vivant (humain ou non) à instituer ses propres normes, c'est-à-dire les allures de vie qui incarnent le « sens de son être », pour reprendre une expression que nous avons rencontrée précédemment. Un vivant sain n'est pas seulement normal au sens statistique, il est, plus fondamentalement, normatif, c'est-à-dire à même de tolérer des écarts dans les conditions que lui offre son milieu. À l'inverse, un vivant malade présente une *autre* norme, qui ne lui confère plus la même liberté vis-à-vis de ses conditions d'existence. Il ne peut plus tolérer les mêmes écarts, qui le conduiraient à la mort. Tout médecin, dans sa pratique, fait quotidiennement cette expérience. Soigner, c'est dans un premier temps adapter le milieu du malade à des possibilités biologiques réduites qui sont l'expression d'une normativité contrariée. À l'inverse, une personne en pleine santé est, à bien des égards, plus que normale, elle est normative. Elle peut accommoder d'importantes variations (par exemple de température) dans les paramètres qui définissent son milieu. Dans la conclusion de sa thèse de médecine, Canguilhem explique :

> C'est par référence à la polarité dynamique de la vie qu'on peut qualifier de normaux des types ou des fonctions. S'il existe des normes biologiques c'est parce que la vie, étant non pas seulement soumission au milieu mais institution de son milieu propre, pose par là même des valeurs non seulement dans le milieu mais aussi dans l'organisme même. C'est ce que nous appelons

> normativité biologique. [...] L'état physiologique est l'état sain, plus encore que l'état normal. C'est l'état qui peut admettre le passage à de nouvelles normes. L'homme est sain pour autant qu'il est normatif relativement aux fluctuations de son milieu[1].

Selon cette conception, le pathologique n'est pas homogène au normal au sein du même régime de normes, il est un *autre* régime de normes, bien plus limité dans ses possibilités de dialogue avec le milieu. Ce dialogue, que Canguilhem nomme souvent « débat », devient une « lutte » chez le malade. À tel point qu'il arrive que le milieu puisse gagner, ce qui se solde par le décès du patient. Il y a donc une hétérogénéité intrinsèque entre le normal (la vie en pleine santé) et le pathologique (une vie contrariée, limitée dans ses potentialités). Une asymétrie irréductible qui rend intenable l'assimilation de l'un à l'autre sous couvert d'une variation simplement quantitative. L'anormalité est bien un jugement (et non pas une mesure) qui nécessite une norme. Cette norme, ce sont les valeurs vitales exprimées par tout vivant en train de vivre. « [E]n matière de normes biologiques, nous dit Canguilhem, c'est toujours à l'individu qu'il faut se référer »[2]. La médecine ne pourra jamais faire abstraction des patients. En ce sens, répétons-le, elle ne sera jamais scientifique au même titre que la physique ou la chimie.

L'argumentation darwinienne

La section précédente donne un premier aperçu, nécessairement limité, de ce qui constitue le noyau philosophique de la thèse de médecine de Canguilhem.

1. N&P, p. 155.
2. N&P, p. 118.

À la lumière de ce rappel, il est maintenant possible de s'engager dans la lecture du texte « Le normal et le pathologique » pour voir dans quelle mesure Canguilhem le conforte, l'étend, l'approfondit ou l'amende.

Dans ce texte, il commence par rappeler le caractère indispensable, pour la médecine, des concepts de normal et de pathologique. Sans eux, « la pensée et l'activité du médecin sont incompréhensibles »[1]. Pourtant ces concepts demeurent toujours aujourd'hui mal définis et ne sont pas en tant que tel interrogés par la médecine. Ceci conduit à confondre deux sens du terme normal : un sens descriptif (le normal comme moyen) et un sens normatif (le normal comme « forme parfaite »[2]). Nous venons de le voir, c'est là une ambiguïté extrêmement problématique pour la médecine, qui permet d'assimiler le pathologique à une altération seulement quantitative du normal.

Or, nous dit Canguilhem d'un bout à l'autre de ce texte, le pathologique ne doit pas être compris du côté de la quantité mais du côté de la qualité. Les machines peuvent fonctionner plus ou moins bien, mais elles ne peuvent pas tomber malades, seuls les êtres vivants le peuvent. Le mécanisme, dans les sciences de la vie, a conduit à estomper cette différence essentielle, ce qui a ouvert la voie à une compréhension du pathologique à la seule lumière du normal. À cet endroit de son raisonnement, l'auteur sait gré aux savants vitalistes, comme Bichat, d'avoir compris, mieux que les autres, que le pathologique est bien le propre du vivant. Il en profite pour souligner que, contrairement au préjugé scientiste du moment (celui des années 1940), le vitalisme n'a pas été pure déraison,

1. LCV, p. 199.
2. LCV, p. 200.

mais plutôt, le plus souvent, conscience des problèmes que la vie pose à la science (mécaniste). De manière très nette, Canguilhem annonce ici, une nouvelle fois, la démonstration qu'il s'appliquera à donner de la fécondité scientifique du vitalisme dans sa thèse de philosophie sur *La formation du concept de réflexe* (1955). Il écrit :

> Il faudra pourtant en finir avec l'accusation de métaphysique, donc de fantaisie pour ne pas dire plus, qui poursuit les biologistes vitalistes du XVIIIe siècle. En fait, et il nous sera facile de le montrer quelque jour et ailleurs, le vitalisme c'est le refus de deux interprétations métaphysiques des causes des phénomènes organiques, l'animisme et le mécanisme. Tous les vitalistes du XVIIIe siècle sont des newtoniens, hommes qui se refusent aux hypothèses sur l'essence des phénomènes et qui pensent seulement devoir décrire et coordonner, directement et sans préjugé, les effets tels qu'ils les perçoivent. Le vitalisme c'est la simple reconnaissance de l'originalité du fait vital[1].

Les pages suivantes, il les consacre à marteler l'idée que la vie s'incarne toujours dans des organismes vivants réels et singuliers. À ce titre, il ne peut pas y avoir de lois de la vie dans le sens où il existe des lois de la matière en physique. Autrement dit, la perspective généralisatrice de l'activité scientifique est obligatoirement mise en difficulté, en biologie, par l'individualité des organismes vivants : « l'obstacle à la biologie et à la médecine expérimentale réside dans l'individualité »[2]. C'est alors essentiellement avec Claude Bernard qu'il dialogue. S'il le crédite d'avoir su saisir, mieux que ses contemporains, cette particularité

1. LCV, p. 200-201.
2. LCV, p. 203.

propre à la biologie, il lui reproche de ne pas en avoir tiré toutes les conséquences, d'avoir maintenu « la croyance à une légalité fondamentale de la vie »[1]. Ce faisant, il y a, au fondement de la physiologie bernardienne, un paradoxe profond, que Canguilhem décrit en ces termes : « la vérité est que la biologie de Claude Bernard comporte une conception toute platonicienne des lois, alliée à un sens aigu de l'individualité »[2].

Pour clarifier le concept de pathologique, il s'agit maintenant de dépasser cette aporie. La variation (éventuellement pathologique) n'est pas surajoutée à la vie. Elle ne doit pas être comprise comme une perturbation entravant la réalisation de la vie, mais comme l'essence même de la vie. Les vivants sont des corps « précaires », des « compromis ». Canguilhem explique :

> Nous nous demanderons maintenant si, en considérant la vie comme un ordre de propriétés, nous ne serions pas plus près de comprendre certaines difficultés insolubles dans l'autre perspective. En parlant d'un ordre de propriétés, nous voulons désigner une organisation de puissances et une hiérarchie de fonctions dont la stabilité est nécessairement précaire, étant la solution d'un problème d'équilibre, de compensation, de compromis entre pouvoirs différents donc concurrents. Dans une telle perspective, l'irrégularité, l'anomalie ne sont pas conçues comme des accidents affectant l'individu mais comme son existence même[3].

Il faut alors à Canguilhem aller au-delà de ce constat. Qu'est-ce qui fait que les êtres vivants sont des individus singuliers, des « compromis » toujours « précaires », et

1. LCV, p. 203.
2. LCV, p. 204.
3. LCV, p. 204.

non pas l'incarnation (éventuellement contrariée) de lois vitales ? À ce moment de son raisonnement (et c'est là une différence majeure entre la conception de Kurt Goldstein et celle défendue par Canguilhem), il rattache cet état de fait à la théorie darwinienne de l'évolution.

On n'a peut-être pas suffisamment souligné à quel point ce geste théorique de Canguilhem était tout aussi puissant qu'inattendu. Inattendu car, dans les années 1940, la biologie française est encore largement lamarckienne. Pour beaucoup de biologistes de cette époque, et non des moindres, la sélection naturelle est un concept strictement verbal ne recouvrant aucune réalité. Il est donc surprenant qu'un philosophe formé à la médecine ait souhaité arrimer sa thèse principale, celle de la normativité des êtres vivants, à la biologie darwinienne, et ce *contre* le jugement de la plupart des biologistes qui faisaient alors autorité[1].

Puissant car, ce faisant, Canguilhem naturalise la distinction, d'abord ancrée dans la subjectivité individuelle du patient, entre le normal et le pathologique. Si les êtres vivants sont intrinsèquement ce qu'il appelle des compromis précaires, ce n'est pas parce qu'ils seraient le produit d'une force vitale en lutte contre les forces physico-chimiques (comme le pensaient, à tort, les vitalistes), mais parce qu'ils sont les éphémères maillons d'une authentique histoire, l'histoire évolutive. Pas moins que l'histoire humaine, celle des régimes politiques, de l'art, des guerres, l'histoire biologique est un processus ouvert et contingent qui n'a pas la régularité d'une « loi » au sens de la physique. Elle est faite d'évènements singuliers qui auraient pu être autres. Cette dimension foncièrement

1. Voir le chapitre 5, p. 176-177.

historique de l'évolution biologique est la conséquence du processus darwinien.

Dans un cadre darwinien, la transformation des espèces repose, en dernière analyse sur le tri, effectué par le milieu, des variants génétiques au sein d'une population d'organismes. Ces variants surviennent au hasard des mutations, le hasard étant ici compris comme l'absence de lien entre les évènements qui conduisent à l'apparition de telle ou telle mutation et les conséquences de ces mutations dans le cadre de la compétition darwinienne. Il se peut que les formes blanches d'un papillon nocturne soient mieux camouflées des prédateurs lorsqu'elles se posent, durant la journée, sur les troncs clairs des bouleaux. La couleur blanche est déterminée génétiquement, elle est le résultat d'une mutation. Pour autant, les mutations qui confèrent une couleur blanche ne sont pas plus fréquentes lorsque les papillons habitent un milieu où les arbres sont majoritairement des bouleaux. En ce sens (et en ce sens seulement), les mutations se produisent au hasard, sans direction privilégiée.

En revanche, dans un tel milieu, les individus porteurs de la « mutation blanche » seront favorisés dans la compétition darwinienne. En moyenne, moins visibles des oiseaux qui les chassent, ils vivront plus longtemps et auront donc plus de chance de se reproduire. Ainsi, de génération en génération, cette mutation génétique aura tendance à se répandre dans la population : on dit qu'il y a évolution par sélection naturelle. La sélection naturelle est donc un processus de tri déterministe à l'intersection de deux hasards, celui de la survenue des mutations et celui de la transformation du milieu. C'est pour cette raison que l'évolution biologique est un processus contingent, proprement historique. À grande échelle, il est impossible d'en prévoir le cours. Il en résulte que l'évolution biologique est très différente de l'évolution de l'univers par exemple, qui, elle, suit une *loi* d'expansion.

Si donc les êtres vivants sont des individus singuliers, c'est en tant qu'ils sont la conséquence (provisoire) d'une histoire évolutive où le hasard, au sens darwinien, joue un rôle irréductible. Il n'y aura jamais de loi de l'évolution biologique dans le sens où il y a une loi de la gravitation en physique. Partant, certains êtres vivants ne peuvent pas être dits « normaux » car ils suivraient, mieux que d'autres, une telle loi. Ce qui fait qu'une différence (au sens statistique, c'est-à-dire une anomalie) devient une anormalité tient précisément à la sélection naturelle. En dernière instance, c'est le milieu qui juge la *valeur* de telle ou telle différence. Certaines seront éliminées par la sélection naturelle, d'autres, qui pourtant auraient pu apparaître comme pathologiques, sont positivement retenues dans tel milieu spécifique.

Ce point est crucial pour démontrer que le normal, s'il doit se comprendre au niveau individuel (le normal n'est pas le type moyen) ne relève pas pour autant uniquement d'une appréciation subjective et psychologique (celle d'un patient se sentant normal ou malade). Il permet, répétons-le, de naturaliser la distinction entre le normal et le pathologique, et c'est bien pour cette raison que, déjà en 1943, le projet était celui d'une philosophie biologique et pas uniquement celui d'une philosophie médicale. Dans la thèse de médecine, pour bien faire comprendre que le processus darwinien est, ultimement, l'instance (naturelle) qui fait le départ entre le normal et le pathologique, Canguilhem mobilise, là encore de manière surprenante, certains résultats obtenus en génétique des populations par les Français Georges Teissier (1900-1972) et Philippe

L'Héritier (1906-1994). Nous reviendrons dans le chapitre 5 sur la manière dont notre auteur a pu rencontrer ces travaux. Pour le moment, il faut expliquer pourquoi l'expérience qui a le plus retenu son attention a été celle portant sur des mouches sans ailes.

La génétique des populations se représente l'évolution biologique comme un phénomène pouvant être traduit en termes de variation des fréquences alléliques (les formes d'un gène) dans une population d'organismes. Un facteur sera dit évolutif si et seulement si il est capable d'avoir une action causale sur ces fréquences. Dans ce cadre, la sélection naturelle est bien un facteur évolutif, il est même le seul facteur évolutif rendant compte de la transformation adaptative des populations (expliquant l'adéquation entre les caractéristiques de l'organisme et celles de son milieu). Durant une bonne partie de l'entre-deux-guerres, la génétique des populations a consisté pour l'essentiel dans le développement de modèles mathématiques abstraits et complexes, dont l'utilité biologique n'était pas évidente. À compter de la seconde moitié des années 1930, quelques rares biologistes ont tenté de montrer que ces modèles pouvaient guider l'expérimentation. Ce faisant, on a assisté aux balbutiements de la génétique expérimentale des populations. Teissier et L'Héritier, à Paris, ont été de ces pionniers.

Leur programme de recherche a comme point de départ l'invention d'un nouveau dispositif, la « cage à populations » ou « démomètre ». Il s'agissait d'une boîte de grande dimension, d'abord en métal et en verre, permettant la culture en milieu contrôlé de plusieurs centaines de petites mouches, les fameuses drosophiles. Depuis le début des années 1910, la drosophile était l'organisme modèle des généticiens. Très rapidement, il avait été possible d'identifier de nombreux gènes le long des quatre paires de chromosomes de cette espèce. En utilisant leurs démomètres, Teissier et L'Héritier étaient en mesure d'établir si telle ou telle mutation présentait un avantage sélectif, à quelle vitesse elle pouvait se répandre dans la population et quel état d'équilibre était finalement atteint. Un de leurs résultats a profondément marqué Canguilhem, celui mettant en jeu des drosophiles aptères[1].

En réalisant de nombreuses mesures sur les toits de la station zoologique de Roscoff, en Bretagne, où les démomètres étaient placés sans leur couvercle, Teissier et L'Héritier ont montré que, bien qu'ayant une viabilité moindre, les mutants aptères devenaient de plus en plus fréquents au fur et à mesure des générations. Dans un milieu fortement venté, le fait de ne pas avoir d'ailes leur permettait de demeurer dans les démomètres, à proximité de leur source de nourriture, et ainsi de coloniser cet environnement si particulier. Aussi bien, ce que montre ce type de résultat, c'est qu'une anomalie (l'aptérisme) qui pourrait être vue comme une anormalité ne l'est pas nécessairement. En dernière analyse, ce qui fait le pathologique, ce n'est pas le trait organique en lui-même, mais sa relation fonctionnelle (ou dysfonctionnelle) avec tel ou tel mode de vie dans tel ou tel milieu. Après avoir discuté les tenants et les aboutissants de ces travaux sur plusieurs pages, Canguilhem conclut en 1943 :

1. J. Gayon, « Une expérience de sélection naturelle en conditions naturelles : L'Héritier, Neefs et Teissier, 1937 », dans L. Loison (dir.), *Le Laboratoire CNRS de génétique évolutive de Gif, De part et d'autre de l'œuvre de Georges Teissier*, Paris, Hermann, 2014, p. 65-80.

> On voit donc finalement en quoi une anomalie et spécialement une mutation, c'est-à-dire une anomalie d'emblée héréditaire, n'est pas *pathologique* du fait qu'elle est une anomalie, c'est-à-dire écart à partir d'un type spécifique, défini par un groupement des caractères les plus fréquents sous leur dimension moyenne. Sans quoi il faudrait dire qu'un individu mutant, point de départ d'une espèce nouvelle, est à la fois pathologique parce qu'il s'écarte, et normal parce qu'il se maintient et se reproduit. Le normal, en matière biologique, ce n'est pas tant la forme ancienne que la forme nouvelle, si elle trouve les conditions d'existence dans lesquelles elle paraîtra normative, c'est-à-dire déclassant les formes passées, dépassées et peut-être bientôt trépassées[1].

Autrement dit, « normal » et « pathologique » sont des catégories *relationnelles*, qui prennent sens à la lumière de la relation entre un être vivant et son milieu. Ce que nous enseigne la théorie darwinienne de l'évolution, c'est qu'il n'y a pas en soi de variation pathologique ou normale, mais que la *valeur* (en l'occurrence sélective) d'une variation se mesure à l'aune de la relation entre l'organisme vivant qui la porte et le milieu qu'il habite. Sans surprise, c'est bien cette lecture qui est reconduite dans le texte de 1951, celui inclus dans *La connaissance de la vie*[2]. L'auteur y insiste à nouveau sur le fait que « le terme « normal » n'a aucun sens proprement absolu ou essentiel »[3]. Ce qui est normal ou pathologique, ça n'est ni le vivant ni le milieu, « mais seulement leur relation »[4]. À l'instar de ce qui

1. N&P, p. 91.
2. LCV, p. 207.
3. LCV, p. 207.
4. LCV, p. 207.

était affirmé dans la thèse de médecine, il conclut très explicitement sur ce point :

> Par l'interférence des fluctuations géniques et des oscillations de la quantité et de la qualité des conditions d'existence ou de leur distribution géographique, nous pouvons saisir que le normal signifie tantôt le caractère moyen dont l'écart est d'autant plus rare qu'il est plus sensible et tantôt le caractère dont la reproduction, c'est-à-dire à la fois le maintien et la multiplication, révélera l'importance et la valeur vitales. À ce deuxième sens, le normal doit être dit instituteur de la norme ou normatif, il est prototypique et non plus simplement archétypique. Et c'est ce deuxième sens qui doit normalement sous-tendre le premier[1].

Dans le texte de 1951, Canguilhem semble accorder plus d'importance encore à cette étape de son argumentation, dont il sait qu'elle pourrait définitivement légitimer son refus de réduire le pathologique à une variation quantitative du normal. Chez les êtres vivants, la variation n'est pas un accident, elle est d'essence. Tout vivant est une singularité toujours à la limite du pathologique. Depuis 1943, il s'est mis au courant de la science sur ces questions et, toujours grâce à sa fréquentation de certains écrits de Teissier, a pris conscience qu'il pourrait exister des « gènes de mutabilité », « dont la présence multiplierait la latitude de mutation des autres gènes »[2]. Si cela se vérifiait (il se trouve qu'il existe effectivement de tels gènes, notamment chez les bactéries), cela entérinerait définitivement la nature intrinsèquement variable du vivant, à son niveau le plus fondamental, celui de son patrimoine héréditaire.

1. LCV, p 208.
2. LCV, p. 207.

Retour à l'humain

Après ces pages très fortes où la théorie darwinienne de l'évolution a tenu le rôle de pilier (scientifique) pour sa conception (philosophique) quant à la bonne manière (relationnelle) de distinguer entre le normal et le pathologique, Canguilhem, dans le dernier mouvement du texte, rapatrie la discussion sur le terrain de l'humain. Le cas de l'homme pose en effet certaines questions spécifiques en premier lieu du fait de la grande complexité des sociétés humaines et de l'évolution culturelle et technologique qui a accompagné leur essor. De ce fait, les normes strictement biologiques ont été en partie remplacées par des normes sociales. Jusqu'à un certain point, le milieu social et technique produit par l'homme va pouvoir compenser les effets possiblement pathologiques de certaines variations :

> S'il est donc vrai qu'une anomalie, variation individuelle sur un thème spécifique, ne devient pathologique que dans son rapport avec un milieu de vie et un genre de vie, le problème du pathologique chez l'homme ne peut pas rester strictement biologique, puisque l'activité humaine, le travail et la culture ont pour effet immédiat d'altérer constamment le milieu de vue des hommes[1].

On sait que, dans les décennies précédentes, beaucoup, dont d'éminents généticiens, auront conclu à l'immobilisation de la sélection naturelle chez l'homme. De là certaines velléités eugénistes : si le milieu (artificiellement transformé) n'est plus capable de trier les variants génétiques, il est indispensable de mettre en place une politique visant à limiter la reproduction de certaines catégories de

1. LCV, p. 209.

personnes, les déviants. De tels discours étaient monnaie courante dans les années 1920 et 1930. La Seconde Guerre mondiale et les horreurs nazies auront changé la donne. Ce n'est pas dans cette voie que s'engage Canguilhem. Ce qui l'intéresse, c'est plutôt le fait que les capacités techniques et culturelles de l'espèce humaine lui offrent, cas unique, la possibilité de s'établir dans tout type de milieu :

> En un sens, il n'y a pas de sélection dans l'espèce humaine dans la mesure où l'homme peut créer de nouveaux milieux au lieu de supporter passivement les changements de l'ancien ; et, en un autre sens, la sélection chez l'homme a atteint sa perfection limite, dans la mesure où l'homme est ce vivant capable d'existence, de résistance, d'activité technique et culturelle dans tous les milieux [1].

Mais la technique ne peut pas tout. Même dans les milieux humains hautement artificialisés, certaines variations continuent de produire des ruptures d'équilibre entre un organisme (humain) et son milieu. Ce vivant humain fait alors l'expérience d'une altération « absolue » [2] de son être : il est devenu malade. Il est alors « autre », c'est-à-dire « non pas le même aux dimensions près » [3]. Canguilhem reproduit ici l'argumentation qu'il avait déjà longuement déployée dans sa thèse de 1943. L'individu malade n'est pas seulement quantitativement diminué, il est aussi, et même avant tout, qualitativement transformé. Il fait l'expérience d'une normativité biologique contrariée, qui limite d'autant les milieux qu'il pourrait être capable d'arpenter. Dans la langue de l'auteur, cela donne :

1. LCV, p. 209.
2. LCV, p. 213.
3. LCV, p. 213.

> La maladie, l'état pathologique, ne sont pas perte d'une norme mais allure de la vie réglée par des normes vitalement inférieures ou dépréciées du fait qu'elles interdisent au vivant la participation active et aisée, génératrice de confiance et d'assurance, à un genre de vie qui était antérieurement le sien et qui reste permis à d'autres[1].

Dans des termes très similaires à ceux de 1943, Canguilhem conclut alors sa réflexion sur le fait que l'universalité de la médecine (un invariant culturel) est la preuve de l'universalité, dans l'expérience humaine, de la maladie comme « réaction subjective d'écartement, [...] de dépréciation vitale »[2]. Ce qui lui permet d'affirmer que, être en pleine santé, ça n'est pas être dans la moyenne pour une gamme de paramètres quantifiables. Ce n'est pas être simplement normal, mais plus fondamentalement normatif, et ainsi être capable d'affronter certaines altérations du milieu :

> Or, vivre, pour l'animal déjà, et à plus forte raison pour l'homme, ce n'est pas seulement végéter et se conserver, c'est affronter des risques et en triompher. La santé est précisément et principalement chez l'homme, une certaine latitude, un certain jeu des normes de la vie et du comportement. Ce qui la caractérise c'est la capacité de tolérer des variations des normes auxquelles seule la stabilité, apparemment garantie et en fait toujours nécessairement précaire, des situations et du milieu confère une valeur trompeuse de normal définitif. L'homme n'est vraiment sain que lorsqu'il est capable de plusieurs normes, lorsqu'il est plus que normal[3].

1. LCV, p. 214-215.
2. LCV, p. 215.
3. LCV, p. 215.

Enfin, dans les dernières lignes du texte, il est souligné que le concept de normal n'est pas n'importe quel concept dans les sciences biomédicales, car il « reste un concept normatif et de *portée proprement philosophique* »[1]. Si Canguilhem, dans le cadre d'une thèse de médecine, s'est intéressé au normal et au pathologique, ça n'est pas seulement, et probablement pas prioritairement, pour rectifier, dans la science, un usage erroné de ce couple conceptuel. Mais bien pour envisager, dans toute sa *portée philosophique*, les conséquences possiblement désastreuses d'une question mal posée. Nous aurons à revenir sur cet aspect dans le dernier chapitre de la présente étude.

La monstruosité et le monstrueux

Cet ultime texte, le septième du recueil, est le seul qui n'était pas présent dans l'édition originale de *La connaissance de la vie*, celle parue en 1952. Il reproduit, avec quelques modifications, une conférence donnée à Bruxelles le 9 février 1962, c'est-à-dire à un moment où Canguilhem, devenu professeur à la Sorbonne, est reconnu comme le dépositaire de l'épistémologie historique. Cela explique probablement la tonalité un peu différente de ce texte, plus historique que les quatre autres études rassemblées dans la partie « Philosophie ». Si le propos est bien toujours philosophique (que *signifie* l'existence de vivants monstrueux ?), la méthode est cette fois-ci plus ouvertement historique que précédemment.

La thématique de la monstruosité n'était pas absente de la thèse de médecine de 1943. Néanmoins, à cette

1. LCV, p. 218.

époque, les réflexions de Canguilhem n'avaient pas encore pu pleinement bénéficier des ressources que devait plus tard constituer le travail scientifique de son collègue à Strasbourg, l'embryologiste Étienne Wolff (1904-1996), futur professeur au Collège de France dans la chaire d'embryologie expérimentale. Nous reviendrons sur ce point dans le chapitre 5, mais il faut signaler dès à présent que, la plupart du temps, pour ce qui est de la monstruosité et du monstrueux, la pensée canguilhémienne a très souvent pris appui sur les résultats de la tératologie et en particulier sur les réussites en tératologie expérimentale d'Étienne Wolff.

Schématiquement, on peut définir la tératologie comme la science qui étudie les malformations chez les organismes animaux, elles-mêmes consécutives de perturbations au moment du développement embryonnaire. Essentiellement descriptive durant une bonne partie du XIXe siècle, la tératologie s'est faite « tératogénie » au tournant du XXe siècle, quand les perturbations produisant les monstruosités sont devenues des gestes expérimentaux précisément contrôlés. Les monstres étant alors reproductibles à l'envi, une science des monstres devenait possible.

Les travaux de Wolff, qui soutint sa thèse à l'Université de Strasbourg en 1936, sont exemplaires de cette nouvelle phase expérimentale de la tératologie. Les notes de cours de Canguilhem montrent que ce dernier a été très tôt intéressé par les travaux de son collègue, bien qu'il n'eût pas le temps de les discuter en profondeur dans sa thèse de médecine. En 1948, Wolff publiait *La science des monstres*, livre riche d'enseignements pour notre auteur au cours des années 1950 et 1960. C'est dans ce contexte qu'il fit le choix de revenir à cette question en 1962, et c'est pourquoi le texte « La monstruosité et le monstrueux » fut intégré à *La connaissance de la vie* à compter de 1965.

Indiquons-le d'emblée, ce texte nous a toujours semblé ne pas pouvoir pleinement soutenir la comparaison avec le reste du volume. Si on comprend bien pourquoi la thématique de la monstruosité intéresse au premier chef une philosophie cherchant à cerner l'essence du pathologique pour le vivant, la manière dont Canguilhem s'y est pris peut laisser perplexe. Pour l'essentiel, cette étude est une sorte d'histoire du concept de monstrueux, depuis l'Antiquité et le Moyen Âge chrétien jusqu'aux travaux contemporains de tératologie expérimentale. Dans une succession de contextes interprétatifs très différents, l'auteur examine le sens de ce concept, sans qu'il soit toujours bien facile de comprendre ce qu'il souhaite faire de cette multiplicité de significations. Les références sont alors aussi nombreuses qu'hétérogènes, de Jérôme Bosch à Nicolas Malebranche[1]. Il faut par conséquent de nombreuses pages pour que le texte en vienne à l'essentiel : le moment où une science des monstres a été rendue possible.

Pour Canguilhem, il ne fait aucun doute que « c'est vraiment au XIXe siècle que s'élabore l'explication scientifique de la monstruosité et la réduction corrélative du monstrueux »[2]. Cette « réduction » s'opère en deux temps. Le premier est celui de la mise en place d'une nomenclature des différents types de monstruosités développementales, qui doit beaucoup aux efforts du zoologiste Isidore Geoffroy Saint-Hilaire (1805-1861)[3].

1. LCV, p. 225-226.
2. LCV, p. 230.
3. LCV, p. 230.

La possibilité d'une telle nomenclature attestait que le monstrueux était lui-même soumis à quelque loi, qu'il n'était pas pure anarchie de phénomènes. Le second est celui de l'essor de la tératogénie expérimentale, dont Canguilhem fait remonter les premiers essais aux travaux de Camille Dareste (1822-1899) sur l'embryon de poulet.

Cette genèse d'une science des monstres au XIXe siècle touche à double titre ses réflexions, bien qu'il faille souligner qu'il ne s'en explique quasiment pas ici, laissant le lecteur non averti se perdre dans les méandres d'un texte dont on peut dire qu'il est, à l'image du monstrueux lui-même, tout aussi « proliférant »[1] qu'allusif. La constitution de la tératologie intéresse d'abord l'épistémologie historique, car elle montre comment l'idéologie du monstrueux a été progressivement dissoute (en tant qu'idéologie) dans une science quantitative et expérimentale. Déjà en 1962, Canguilhem esquisse la thèse d'une rupture entre ce qu'il appellera quelques années plus tard l'« idéologie scientifique » et la science proprement dite : « la transparence de la monstruosité pour la pensée scientifique la *coupe* désormais de toute relation avec le monstrueux »[2]. La tératologie clôt la période pluriséculaire durant laquelle l'imagination humaine était seule au pouvoir, produisant le bestiaire fantastique – car fantasmé – du monstrueux.

La tératologie, et en particulier la tératogénie expérimentale, rencontre aussi la question de la réduction du différent au même, de la qualité à la quantité et en cela intéresse directement la philosophie biologique canguilhémienne. En effet, si « le pathologique est du normal empêché ou dévié », comme semble bien l'attester

1. LCV, p. 235.
2. LCV, p. 231-232. Nous soulignons.

la science, alors « la monstruosité paraît avoir livré le secret de ses causes et de ses lois »[1] (on notera la clause de prudence : « paraît »). Un tel constat peut faire l'objet de jugements discordants au sein du projet philosophique qui anime *La connaissance de la vie*. D'une part, il peut être reçu positivement car il semble valider « qu'il n'y a pas en soi et a priori de différence ontologique entre une forme vivante réussie et une forme manquée »[2]. Du point de vue de la biologie du développement, un trait pathologique (une « monstruosité ») ne serait rien autre chose qu'un trait normal dont le développement aurait été arrêté trop précocement. Oui mais voilà, si tel est le cas, est-ce que l'existence même d'une *science* des monstres ne vient pas du même coup affirmer définitivement que le pathologique et le normal sont l'un vis-à-vis de l'autre dans un rapport de stricte continuité ? Est-ce que Canguilhem, sous couvert de l'assoir sur les dernières données de la science, n'en vient pas à ruiner sa propre philosophie ?

Il ne peut faire aucun doute sur le fait qu'il était parfaitement conscient de cette tension. Selon certains, c'est la raison pour laquelle les références à Wolff sont minimes dans la thèse de 1943[3]. Mais alors pourquoi y revenir en 1962 ? Selon notre lecture, ce n'est qu'à la toute fin du texte que son auteur donne quelques clefs à propos de cette difficulté. Dans un style à nouveau très ardu et elliptique, il en vient à conclure :

1. LCV, p. 231.
2. N&P, p. 4.
3. M. Vagelli, « De la science des monstres : Canguilhem et la tératologie expérimentale d'Étienne Wolff », *Revue d'histoire des science* 71, 2, 2018, p. 243-270, p. 258.

> La deuxième raison est au principe de la première. La vie ne transgresse ni ses lois, ni ses plans de structure. Les accidents n'y sont pas des exceptions, et il n'y a rien de monstrueux dans les monstruosités. « Il n'y a pas d'exceptions dans la nature », dit le tératologiste, à l'âge positif de la tératologie. Mais cette formule positiviste qui définit un monde comme un système des lois ignore que sa signification concrète lui est donnée par sa relation à la signification d'une maxime opposée, que la science exclut, mais que l'imagination applique. Cette maxime donne naissance à l'anticosmos, au chaos des exceptions sans lois. Cet antimonde, quand il est vu du côté de ceux qui le hantent après l'avoir créé, y croyant tout exceptionnellement possible – oubliant de leur côté que seules les lois permettent les exceptions – cet antimonde, c'est le monde imaginaire, trouble et vertigineux du monstrueux[1].

Il ne faut pas s'en cacher, l'interprétation de ce paragraphe conclusif demeure largement ouverte. Si Canguilhem prend acte que les monstruosités sont bien dans un rapport quantitatif avec les lois de développement, il qualifie immédiatement cette appréciation de « formule positiviste », jugement incontestablement péjoratif sous sa plume. On pourrait comprendre les lignes qui suivent comme une sorte de mise en garde. Si certes, les monstruosités n'ont plus rien de monstrueux, l'idée même de monstrueux n'est pas soluble dans la science mécaniste, car il a fallu des humains conscients de la distinction irréductible entre le normal et le pathologique pour que celle-ci puisse être formulée. La thématique du monstrueux, si richement incarnée au fil de l'histoire humaine, témoignerait ainsi de cette capacité proprement

1. LCV, p. 235-236.

vitale à faire le partage entre le normal et « la négation du vivant par le non-viable »[1]. C'est à notre sens de cette manière que Canguilhem souhaite maintenir l'essentiel de sa philosophie biologique.

Très certainement, il aura vu dans le thème de la monstruosité un fantastique terrain d'exploration philosophique. Très probablement, il aura saisi que la tératogenèse expérimentale aura pu mettre en danger sa propre philosophie. Cette nouvelle science reconduisait, comme la médecine moderne, l'idée que l'anormal n'est que du normal quantitativement modifié. Quant à savoir si sa tentative pour résoudre cette difficulté peut être regardée comme réussie, il faudrait un travail plus systématique et approfondi que cette brève étude pour en décider.

1. LCV, p. 221.

CONCLUSION

« LA PENSÉE ET LE VIVANT »

Désormais instruits du contenu du recueil, nous pouvons entreprendre l'analyse de son introduction intitulée « La pensée et le vivant ». Dans cette introduction, rédigée à l'occasion de la première parution de *La connaissance de la vie* en 1952, Canguilhem fait essentiellement trois choses : il explique et justifie le titre de son livre, se positionne par rapport à la philosophie vitaliste de Bergson et tire les conséquences les plus immédiates de son positionnement. Ce bref texte est particulièrement difficile, car il s'attaque à certaines questions parmi les plus redoutables de la pensée canguilhémienne et le fait dans un style singulièrement resserré, sans aucun « gras » : en peu de mots (voire avec le moins de mots possible), l'auteur cherche à faire saillir certaines de ses thèses les plus fortes. Sa difficulté vient également du fait que les trois aspects que nous distinguons ici sont constamment entremêlés, Canguilhem souhaitant insister sur la solidarité de ces questions.

Comme toujours, le choix du titre a été soigneusement pesé, et sa formulation renvoie à cette manière, si caractéristique, de vouloir signifier plusieurs choses à l'aide d'une même tournure de phrase. En effet, le syntagme « la connaissance de la vie » peut et doit s'entendre de deux manières, indissociablement liées. D'une part, la vie peut être comprise comme l'objet de ce qui est à connaître. Dans les textes du recueil, nous l'avons bien constaté, il est effectivement question des connaissances que les sciences biomédicales ont produites, essentiellement depuis le début du XIXe siècle, concernant la vie et les vivants. Que nous disent la médecine, la physiologie, l'histologie, la théorie de l'évolution à propos de ce phénomène si particulier ? D'autre part, et ce second sens est moins immédiat (surtout si on débute la lecture du livre par cette introduction), la vie est non seulement l'*objet* de la connaissance mais également le *sujet* connaissant. Les savants sont eux-mêmes des vivants, ce qui est loin d'être sans implications, comme nous l'avons vu au fil des textes. Toute l'introduction joue de cette ambivalence/ambiguïté : la vie comme objet *et* sujet de la connaissance.

Canguilhem veut donc envisager la connaissance (scientifique) selon ce double point de vue : dans son incarnation (ce qui est classique) mais aussi dans sa signification (ce qui l'est moins). Quant au premier point de vue, c'est celui mis en œuvre depuis que l'histoire et la philosophie des sciences existent. Ces disciplines prennent la science pour objet et souhaitent en interroger ses traits distinctifs (sa méthode), sa constitution progressive, ou bien encore ses formes théoriques. Bref, selon ce premier point de vue, c'est la question du « comment » que l'on pose à la connaissance.

Mais l'originalité (et la difficulté) de la perspective canguilhémienne est de ne pas se satisfaire de cette seule approche. On ne peut pas réduire l'acte de connaître à ses seules « opérations », il faut aussi, et peut-être même avant tout, questionner le « sens du connaître »[1], c'est-à-dire son pourquoi. Or, les raisons d'être de la science, voilà un impensé majeur de la philosophie des sciences, ce que Canguilhem constate et regrette :

> Et pourtant savoir pour savoir ce n'est guère plus sensé que manger pour manger, ou tuer pour tuer, ou rire pour rire, puisque c'est à la fois l'aveu que le savoir doit avoir un sens et le refus de lui trouver un autre sens que lui-même[2].

Pour ce qui le concerne, tout projet philosophique visant à élucider ce qu'est la connaissance de la vie ne peut ignorer la question du *sens* de la connaissance *pour* la vie. C'est précisément en cela que son entreprise se démarque de la plupart des formes prises par la philosophie des sciences à cette époque, et notamment du positivisme logique. La tâche de la philosophie ne s'arrête pas à la clarification des énoncés de la science ou à une reconstruction de sa méthode. Elle doit aussi inclure une réflexion sur le sens de cette activité si particulière. Il faut ajouter à la question classique du « comment ? » celle du « pourquoi ? ». Pour le dire d'une autre manière, le projet de Canguilhem déborde le terrain de l'épistémologie (quand on entend « épistémologie » dans le sens d'une étude des sciences déjà elles-mêmes constituées).

Ce projet touche à ce que l'on désigne en général en philosophie par « théorie de la connaissance », c'est-à-dire une réflexion plus générale sur les conditions de l'émergence des connaissances humaines. Il n'y a certes pas chez Canguilhem une réflexion systématique qui aurait abouti à une position doctrinale clairement articulée

1. LCV, p. 11.
2. LCV, p. 11.

et thématisée. Mais il y a néanmoins un intérêt constant pour la question de la signification de la connaissance qui l'amène à prendre position et à énoncer, fermement, une thèse philosophique à ce propos. Cette thèse est originale et consiste à associer de manière étroite la connaissance *et* la vie. Comme l'avait très bien souligné Jean Gayon, « il y a assurément une théorie philosophique canguilhémienne de la vie *comme* connaissance »[1]. C'est même là, très certainement, le cœur de sa philosophie biologique, comme nous aurons l'occasion d'y revenir dans l'ultime chapitre de ce livre. Il l'aborde dès l'introduction de *La connaissance de la vie*, car cette thèse, qui n'est jamais travaillée pour elle-même, dessine néanmoins l'horizon de la plupart des études du recueil, comme nous avons pu le constater. Selon ses propres termes :

> La connaissance consiste concrètement dans la recherche de la sécurité par réduction des obstacles, dans la construction de théories d'assimilation. Elle est donc une méthode générale pour la résolution directe ou indirecte des tensions entre l'homme et le milieu[2].

Voilà donc explicitée la thèse peut-être la plus centrale de l'ouvrage. Comme tout être vivant, l'homme ne vit pas isolé du monde, il est inséré dans un environnement complexe et mouvant, son « milieu ». La possibilité de sa vie dépend de la relation qu'il est susceptible de nouer avec ce milieu. C'est grâce à celui-ci qu'il pourra satisfaire ses besoins (boire, manger, etc.), mais c'est aussi de son

1. J. Gayon, « Le concept d'individualité dans la philosophie biologique de Georges Canguilhem », dans J. Gayon, M. Bitbol (dir.), *L'Épistémologie française, 1830-1970*, Paris, Puf, 2006, p. 431-463, p. 460.

2. LCV, p. 12.

milieu que pourraient surgir des dangers potentiellement mortels. La relation entre un vivant et son milieu est tout sauf neutre, comme le lecteur en sera informé dans le texte « Le vivant et son milieu ». Elle est faite de multiples « tensions ». Selon Canguilhem, la connaissance n'est rien d'autre que le moyen le plus efficace produit par la vie pour réduire ces tensions, ce qui doit conduire à une forme de « sécurité ». C'est chez le vivant humain que cette « méthode générale » a atteint son plus haut degré d'élaboration, ce que l'on nomme « science » depuis le début du XIXe siècle. Selon cette perspective, la science, souvent présentée comme en opposition avec la vie, en serait bien plutôt une émanation très directe.

C'est ici qu'il faut à l'auteur se situer par rapport à la philosophie de Bergson. Un demi-siècle plus tôt, Henri Bergson (1859-1941) s'était lui aussi longuement intéressé aux rapports entre la vie, la pensée et la science. Du reste, le titre de l'introduction du recueil, « La pensée et le vivant » fait directement écho à celui d'un livre de Bergson, paru en 1934, *La pensée et le mouvant*, que Canguilhem a pu longuement méditer durant la seconde moitié des années 1930 avant de commencer à élaborer sa propre philosophie biologique au début de la décennie suivante. Chez Bergson, comme celui-ci l'explique notamment dans *L'évolution créatrice* (1907), la vie et la matière procèdent de deux ontologies différentes. La matière se donne intégralement dans l'espace et en cela est appréhendable par l'intelligence humaine. C'est par l'action sur la matière que l'homme produit des outils et, ultimement, une connaissance quantitative, la science. La vie, dans son essence, touche à une autre dimension de la réalité que Bergson nomme « durée ». Le temps et la durée sont chez lui deux choses différentes. Le temps est ce que l'intelligence retient de la durée lorsqu'elle la spatialise, c'est-à-dire lorsqu'elle traite la durée comme de la matière, comme une quantité et non pas comme une qualité. Dans une expérience de physique, deux intervalles de temps de cinq secondes sont rigoureusement identiques, comme le sont deux mobiles de cent grammes chacun. Ce faisant, la science analytique échoue à saisir ce qui fait l'essentiel de la durée, et donc de la vie : son caractère foncièrement continu (indécomposable), mobile, imprévisible. En bref, ce qui relève de la création, c'est-à-dire de la production de nouveautés authentiques. Il y a donc chez Bergson [1], une opposition très nette entre la connaissance (qui se situe du côté de la matière) et la vie (qui se situe du côté de la durée). Ce que la science peut connaître de la vie n'accède pas à ce qui fait l'essence de la vie. Cette essence relève de la mobilité créatrice, de l'« élan vital ».

Canguilhem, dont la relation à Bergson ne cessera d'évoluer, ne nie pas que la science puisse peiner à cerner ce qu'il y a de vital dans la vie. En cela, quand il s'agit des « opérations » de la connaissance, il s'approche de Bergson. En revanche, là où il prend le contrepied de ce dernier, c'est à propos du « sens » de la connaissance. Pour Canguilhem, la connaissance (scientifique) prolonge, plutôt qu'elle ne le trahit, l'élan vital. Elle en est une émanation directe. Si conflit il y a, ce n'est donc pas entre la vie et la science, mais entre la vie et son milieu. La science, prolongement de la vie, est la voie privilégiée de résolution de ce conflit :

> Or le conflit n'est pas entre la pensée et la vie dans l'homme, mais entre l'homme et le monde dans la conscience humaine de la vie. La pensée n'est rien d'autre que le décollement de l'homme et du monde qui

1. Nous y reviendrons au chapitre 4, p. 147.

> permet le recul, l'interrogation, le doute (penser c'est peser, etc.) devant l'obstacle surgi[1].

Une telle conception de la connaissance comme conséquence du fait que le vivant humain, comme tout vivant, est nécessairement pris dans un débat avec son milieu n'est pas sans rejaillir sur un certain nombre de problèmes philosophiques. Dans le dernier mouvement de cette introduction, Canguilhem en aborde essentiellement un, celui qu'exprime également le titre du recueil : non plus ce qu'est la connaissance *pour* la vie, mais ce que devrait être la connaissance *de* la vie. Cela le conduit très directement à émettre de sérieuses réserves quant à la perspective mécaniste en biologie. Nous l'avons vu, le mécanisme, l'objet central du texte « Machine et organisme », consiste dans l'idée, courante depuis Descartes au moins, que les organes des êtres vivants fonctionnent à l'instar des mécanismes créés par l'homme. Les poulies, les horloges, les automates en général, sont autant de modèles pour rendre compte des grandes fonctions que sont par exemple la digestion, la circulation du sang, etc. Canguilhem, il faut y insister, ne niera jamais que la biologie mécaniste a été vectrice de progrès significatifs au cours de l'histoire des sciences. En revanche, il refusera avec constance qu'une compréhension strictement mécanique puisse rendre compte de ce qui est authentiquement vital dans la vie.

Une raison à cela, qu'il aborde rapidement (mais très explicitement) dans cette introduction, est que la vie se donne au monde sous la forme d'individus qui sont autant de totalités. Les êtres vivants ne sont pas uniquement des sommes de mécanismes, ils sont fondamentalement des totalités hautement intégrées où chaque organe concourt

1. LCV, p. 12.

au maintien de l'harmonie de l'ensemble. Ils sont, au sens rigoureusement étymologique du terme, des « individus », c'est-à-dire des indivisibles. Plus encore, ces totalités ne peuvent se maintenir en vie que si elles sont en relation avec un milieu. Toute connaissance biologique doit donc, sous peine d'insignifiance, rendre compte du fait que les différentes fonctions d'un organisme, qui ont bien sûr des dimensions incontestablement mécaniques (le cœur est une pompe, les os des leviers, etc.), ne trouvent leur signification que dans la relation que l'individu biologique entretient avec son milieu afin de demeurer un être *vivant*.

Une biologie complètement « mécanisée » serait, selon Canguilhem, un non-sens, elle échouerait à rendre compte de l'originalité du vivant. Elle passerait à côté de la spécificité de son objet. La pensée rationnelle telle qu'elle s'est élaborée au contact de la matière – le rationalisme physico-chimique aurait pu dire Bachelard – est, d'une certaine manière, dépassée par les phénomènes vitaux. Elle peut soit le nier et réduire la vie à un mécanisme, soit l'admettre et alors tenter de préserver un espace pour la vitalité de la vie :

> Nous pensons, quant à nous, qu'un rationalisme raisonnable doit savoir reconnaître ses limites et intégrer ses conditions d'exercice. L'intelligence ne peut s'appliquer à la vie qu'en reconnaissant l'originalité de la vie. La pensée du vivant doit tenir du vivant l'idée du vivant[1].

Ici encore, c'est avec Bergson que Canguilhem dialogue. Selon Bergson, la vie ne peut pas être appréhendée par l'intelligence, seule ce qu'il appelait l'« intuition » le peut. Canguilhem, attentif aux mises en garde bergsoniennes,

1. LCV, p. 16.

ne disqualifie pas pour autant l'intelligence, c'est-à-dire le rationalisme mécanique. Il opte pour une position médiane, une clause de prudence. C'est là le sens de la phrase demeurée fameuse : « La pensée du vivant doit tenir du vivant l'idée du vivant ».

Mais comment faire ? La biologie que Canguilhem appelle de ses vœux n'existe pas au moment où il écrit ces lignes et le projet que porte son livre est essentiellement critique. Il ne lui appartient pas, en tant que philosophe, de produire lui-même une telle biologie. Dans les textes qu'il a rassemblés, il a souhaité donner corps à ce positionnement critique rapidement esquissé dans cette introduction. Ce positionnement est celui d'une philosophie biologique attentive à ce que les concepts de la biologie, au moins pour les plus fondamentaux d'entre eux, ceux ayant une évidente portée philosophique (« vie », « organisme », « milieu », « normal »), respectent l'originalité du vivant. En ce sens précisément, Canguilhem a été, d'un bout à l'autre de son œuvre, et de manière éclatante dans *La connaissance de la vie*, un philosophe du vital.

Deuxième partie

PERSPECTIVE SYNTHÉTIQUE

Arrivés à ce point, nous disposons maintenant d'une vue d'ensemble des idées développées par Canguilhem au fil des huit textes qui constituent *La connaissance de la vie*. Elles concernent les limites du mécanisme dans les sciences de la vie, la difficulté d'expérimenter sur le vivant, la notion d'organisme en biologie, le concept de milieu, la manière dont il faut comprendre la distinction entre le normal et le pathologique, etc. Ces idées sont incontestablement difficiles, d'autant qu'elles n'ont ici pas été organisées de manière synthétique puisque ce livre est une compilation de conférences. De façon pointilliste, elles finissent par dessiner les contours d'une philosophie biologique entendue comme « exercice de pensée qui s'engage tôt ou tard dans une réflexion sur la nature de la vie ou, à tout le moins, sur la portée philosophique générale des phénomènes de la vie »[1].

Pour aller plus loin dans la compréhension des thèses défendues par Canguilhem, il est maintenant nécessaire de s'astreindre à un effort de synthèse afin de voir comment elles peuvent s'articuler entre elles. Loin

1. J. Gayon, « Le concept d'individualié … », dans J. Gayon, M. Bitbol (dir.), *L'Épistémologie française*, *op. cit.*, p. 433.

d'être une juxtaposition de positions hétérogènes, il y a incontestablement une unité de vue, une « inspiration continue » qui faisait dire à leur auteur que le regroupement de ces textes au sein d'un même volume n'était pas « artificiel »[1]. Les choses auraient bien sûr été plus simples si Canguilhem lui-même avait écrit le grand livre de philosophie biologique qu'il avait en projet au tournant des années 1950. Pour des raisons contingentes, qui seront explicitées plus loin[2], tel ne fut pas le cas. Il appartient donc à ses exégètes de retrouver et de reconstruire l'intention philosophique canguilhémienne à partir de matériaux plus épars.

Pour ce faire, nous procéderons en deux temps. Dans un premier temps, il s'agira de contextualiser cette œuvre, d'une part à la lumière de la philosophie, d'autre part à la lumière de la biologie. Pour ce qui est de la philosophie, cela revient à réinscrire *La connaissance de la vie* dans la carrière et la trajectoire intellectuelle de son auteur, et, au-delà, dans l'histoire de la philosophie française du XXe siècle. Où l'on pourra se convaincre que Canguilhem fut un authentique philosophe, formé en khâgne au lycée Henri IV auprès d'Alain, condisciple de Sartre à l'École Normale Supérieure, agrégé de philosophie, rapporteur de la thèse de Foucault sur l'histoire de la folie à l'âge classique. Incontestablement, la philosophie (et non la médecine ou l'histoire des sciences) a toujours été son lieu naturel. Pour ce qui est de la biologie, ses affinités étaient électives. Ce qui l'intéressait, ça n'est pas le tout de la biologie, mais en priorité les disciplines qui interrogent le plus directement ce qu'est un organisme vivant, c'est-à-dire, au premier

1. LCV, p. 7.
2. *Cf.* chapitre 4, p. 156.

chef, la physiologie. Le sort a voulu que le moment charnière de son œuvre, les années 1940, corresponde à une période quasi révolutionnaire dans les sciences de la vie. D'un côté, le début de cette décennie voit l'installation définitive de la Théorie synthétique de l'évolution, la forme moderne du darwinisme. De l'autre, la fin de ces mêmes années 1940 voit surgir les premiers travaux qui allaient rendre possible rien de moins qu'une nouvelle science, la biologie moléculaire. Ces deux évènements n'auront pas la même incidence sur sa philosophie, mais l'un comme l'autre ne seront pas sans effet.

Enfin, cette double contextualisation faite, nous pourrons retourner à la question essentielle, celle de la nature de cette philosophie biologique dont *La connaissance de la vie* offre la conceptualisation la plus aboutie. Dans ce chapitre conclusif, nous aurons à remettre les pièces dans le bon ordre afin de tenter de saisir comment la « normativité biologique » a désigné à la fois une thèse philosophique touchant à la nature de la connaissance *et* à la nature de la vie, justifiant, s'il en était besoin, le titre finalement retenu par Canguilhem pour ce recueil.

CHAPITRE 4

LA TRAJECTOIRE INTELLECTUELLE DE CANGUILHEM : UNE ŒUVRE CONTRARIÉE ?

En décembre 1990, alors que Canguilhem est âgé de 86 ans, d'anciens élèves et disciples organisent au Palais de la Découverte à Paris un colloque en son honneur. Refusant d'être présent, il rédige un bref mot destiné à être lu dans le contexte de cette célébration académique, mot qui sera ensuite reproduit dans les actes du dit-colloque. Ces quelques lignes sont depuis demeurées fameuses, car il y déclare notamment : « Il ne m'est pas possible, à mon âge, de faire autrement que j'ai toujours fait, c'est-à-dire considérer ce qu'on appelle mon œuvre comme autre chose que la trace de mon métier »[1].

Outre l'expression d'une modestie non feinte, ce que l'auteur a voulu dire par là n'est pas douteux : enseignant de philosophie en classes préparatoires, chargé de cours puis maître de conférences à la faculté de lettres de l'université de Strasbourg, inspecteur général de l'Instruction Publique, professeur d'histoire et de philosophie des sciences à la

1. M. Deguy, « Allocution de clôture », dans le collectif, *Georges Canguilhem, Philosophe, historien des sciences*, Paris, Albin Michel, 1993, p. 323-330, p. 324.

Sorbonne, c'est à l'aune de ce parcours, de la pratique de ces différents *métiers*, qu'il faut comprendre et évaluer sa production philosophique. Cette auto-appréciation n'est pas sans fondement. Ce n'est effectivement qu'à compter de 1955 et de son recrutement à la Sorbonne, où il succède à Bachelard à la direction de l'Institut d'histoire des sciences et des techniques, que Canguilhem réoriente son travail vers ces disciplines. Avant 1955, il n'est que très peu question d'histoire des sciences chez lui, le seul texte pouvant sans équivoque se ranger dans cette catégorie étant précisément celui sur « La théorie cellulaire » qui, à lui seul, constitue la partie « Histoire » de *La connaissance de la vie*.

Cependant, on peut aussi interpréter un peu différemment la trajectoire intellectuelle de Canguilhem. Au lieu de voir son œuvre comme la résultante, presque passive, des aléas de la vie, et notamment de la vie académique (la « trace » du « métier »), il est permis de la comprendre comme un engagement philosophique puissant creusant toujours le même sillon, mais qui a été plusieurs fois contrarié par ces mêmes aléas. Comme Camille Limoges l'a amplement montré, l'investissement de Canguilhem dans l'histoire et la philosophie des sciences (au sens classique) a constitué quelque chose comme un détour, et a « contribué à masquer l'intensité de son engagement persistant en philosophie biologique »[1].

À côté de la thèse de médecine sur le normal et le pathologique, Canguilhem a été célébré, et demeure reconnu aujourd'hui, en tant qu'historien des sciences.

1. C. Limoges, « La confirmation de l'historien des sciences et la mise à l'épreuve de sa philosophie biologique : Georges Canguilhem 1966-1995 », dans *Œuvres complètes, Tome V*, Paris, Vrin, 2018, p. 7-60, p. 18.

Si ses réussites de ce point de vue sont incontestables, là n'était pas son intention philosophique. D'un bout à l'autre, à partir du début des années 1940 au moins, celle-ci était du côté d'un genre peu couru, presque en déshérence, celui de la philosophie biologique. Dans le contexte, intellectuellement si stimulant, de la faculté de médecine de l'université de Strasbourg, Canguilhem aura pu pleinement former un tel projet. Ce sont là ces étranges années 1940, durant lesquelles le philosophe résistant soutient sa thèse de médecine puis, dans l'immédiat après-guerre, rédige l'essentiel des textes qui formeront l'ossature de *La connaissance de la vie*. Mais ensuite, au lieu de pouvoir travailler à la réalisation de ce projet, celui d'une critique de la raison biologique, les métiers vont le détourner de son œuvre. Ce seront d'abord les années d'inspectorat (1948-1955), durant lesquelles les charges administratives prennent le dessus. Ce seront ensuite les années de professorat (1955-1971), qui obligent Canguilhem à travailler de biais, par l'histoire des sciences, la question de l'originalité du vital, c'est-à-dire celle des rapports entre la connaissance et la vie.

LE « FAIT » ET LA « VALEUR »
LE JEUNE CANGUILHEM À L'ÉCOLE D'ALAIN (1921-1936)

À bien des égards le parcours du jeune Canguilhem est typique de celui d'un élève doué sous la IIIe République. Né le 4 juin 1904 à Castelnaudary dans un milieu encore très lié aux activités agricoles, l'élève à l'accent rocailleux montre d'évidentes dispositions pour la chose scolaire, à tel point qu'il se voit offrir une bourse pour poursuivre ses études en hypokhâgne à Paris, au sein du prestigieux et non moins sélectif lycée Henri-IV.

En deuxième année, en khâgne donc, il suit en philosophie l'enseignement d'Émile Chartier (1868-1951), plus connu sous le nom d'« Alain ». L'entre-deux-guerres est le moment de pleine expression du pacifisme de cet intellectuel de gauche, qui sera un authentique mentor pour nombre de ses élèves, parmi lesquels Canguilhem. Marqué par les horreurs de la Grande Guerre, dont il espère, comme tant d'autres, qu'elle sera la « Der des Ders », Alain publie en 1921 *Mars ou la guerre jugée*, pamphlet antimilitariste où il expose sa doctrine pacifiste.

À côté de ses enseignements en khâgne, qui marquèrent plusieurs générations d'étudiants, il se consacre à un genre aujourd'hui révolu qu'on pourrait qualifier de « journalisme philosophique ». C'est dans ce contexte qu'en 1921, un de ses disciples, Michel Alexandre, crée le journal *Libres propos* qui paraîtra de manière plus ou moins continue jusqu'en 1935. Ce journal publie non seulement des textes signés de la main du maître, mais aussi les premiers essais de bon nombre de ses élèves. Canguilhem sera de ceux-là et, la plupart du temps sous un pseudonyme, ce sont les *Libres propos* qui accueillent ses premiers écrits. Le Canguilhem de la seconde moitié des années 1920 est un « alaniste » convaincu, philosophe rationaliste fortement engagé en faveur du pacifisme. Le ton est celui de l'indignation sinon de la polémique, les motifs sont incontestablement politiques et éthiques[1].

Au cours de ces années de formation, une question philosophique apparaît centrale, celle du jugement. Cette question est le trait d'union entre les préoccupations de Canguilhem et celle de son maître Alain, lui-même formé

1. J.-Fr. Braunstein, « À la découverte d'un "Canguilhem perdu" », dans *Œuvres complètes, Tome I*, Paris, Vrin, 2011, p. 100-137, p. 103.

à la philosophie auprès de Jules Lagneau (1851-1894). C'est le grand mérite du travail de Xavier Roth d'avoir montré comment cette thématique (celle du jugement) et cette filiation (de Lagneau à Alain puis à Canguilhem) ont été décisives dans la formation du projet philosophique du jeune normalien agrégé de philosophie[1]. Sur la base de l'exploration des textes de jeunesse, fort peu connus jusqu'alors, et en prenant appui sur les archives de Canguilhem, Roth a pu reconstituer les premiers moments de l'itinéraire philosophique de celui-ci.

Selon sa lecture, c'est dans le terreau d'une philosophie préoccupée par les questions du jugement et de l'action qu'il faut chercher les racines du concept de normativité biologique que nous avons commencé à explorer dans la première partie du présent livre. Autrement dit, si le noyau philosophique sera bien du côté des sciences de la vie à partir du début des années 1940, l'impulsion initiale est tout autre. Dans le contexte si particulier de l'entre-deux-guerres, ce qui préoccupe Canguilhem, c'est la question du rapport entre le jugement et l'action. Le jugement doit-il commander l'action, ou bien, au contraire, faut-il voir « une forme d'irréductibilité de l'action à la connaissance objective »[2] ?

Pour Alain, le primat du jugement ne fait aucun doute. Cela le conduit à s'opposer farouchement à la philosophie de Bergson, qui donne un rôle majeur à l'intuition contre l'entendement. D'un côté donc, celui d'Alain et des alanistes, une philosophie rationaliste où le jugement,

1. X. Roth, *Georges Canguilhem et l'unité de l'expérience. Juger et agir 1926-1939*, Paris, Vrin, 2013.

2. X. Roth, *Georges Canguilhem et l'unité de l'expérience*, *op. cit.*, p. 33.

l'activité intellectuelle de l'esprit, permet l'action. De l'autre, celui de Bergson, une philosophie vitaliste mettant en avant l'intuition comme moyen de connaissance, moyen qui dépasse la raison seule et que Bergson, dès 1903, définit de manière célèbre (mais aussi un peu énigmatique) comme « la sympathie par laquelle on se transporte à l'intérieur d'un objet pour coïncider avec ce qu'il a d'unique et par conséquent d'inexprimable »[1]. Pour les alanistes, cela n'a aucun sens. Au mieux, l'intuition doit être cantonnée au registre de la simple contemplation, elle ne peut être à la racine de l'action[2]. Il est ainsi de bon ton, dans le cadre de la philosophie française du début des années 1920, de critiquer Bergson et sa philosophie de l'intuition, jugée largement dépassée. Canguilhem ne fera pas autre chose, lorsque, par exemple, il publie un compte-rendu très positif du pamphlet de Georges Politzer (1903-1942), *La fin d'une parade philosophique : le bergsonisme*.

Ce contexte polémique conduit le jeune philosophe à s'interroger sur la nature de la pensée, question classique de la philosophie s'il en est. C'est là que la filiation que nous avons indiquée plus haut prend toute son importance. En la remontant, depuis Alain, on trouve Lagneau puis Jules Lachelier (1832-1918), qui tint un rôle décisif dans l'essor du kantisme au sein du sérail de la philosophie française. À la suite de Kant, c'est la question de la possibilité de la connaissance que l'on pose. Dans l'interprétation qu'en tirent les philosophes français de la fin du XIXe siècle, on conçoit la connaissance comme une activité et précisément pas comme une contemplation. Nous aurons à y revenir

1. H. Bergson, *La Pensée et le mouvant*, Paris, Puf, 1938 (2003), p. 181.

2. X. Roth, « Le jeune Canguilhem, lecteur de Bergson (1927-1939) », *Dialogue* 52, 4, 2013, p. 625-647.

au chapitre 6, mais Canguilhem, lorsqu'il inscrit la connaissance dans la vie, c'est-à-dire dans l'*activité* vitale, ne fait pas autre chose. Le sujet connaissant, objet de la réflexion kantienne, est bien toujours central. À ceci près que l'on s'apprête à passer d'un sujet connaissant à un sujet vivant. Pour Canguilhem, connaître ne sera bientôt plus le propre de l'homme, mais l'apanage de tout vivant.

Cette lecture française de l'héritage kantien, via Lachelier puis Lagneau, amène à envisager le sujet connaissant comme participant activement à l'édification de la connaissance. Dans cette perspective, la connaissance ne serait pas l'empreinte du réel simplement perçue et transmise par nos sens, mais le résultat d'une activité intellectuelle mobilisant la raison, soit précisément ce que cette tradition philosophique désigne comme un jugement. Dès lors qu'on parle de connaissance, l'activité du jugement est toujours mise en jeu. Où l'on comprend mieux désormais ce que Canguilhem signifie, quand il écrit dans « La théorie cellulaire » : « connaître c'est moins buter contre un réel [empirisme : la connaissance comme accumulation de faits simplement perçus], que valider un possible en le rendant nécessaire [rationalisme : la connaissance comme acte de jugement] »[1].

L'esprit n'est pas une matière ductile passivement moulée par la perception, car la perception elle-même est une activité polarisée par son incessant débat avec le monde. Dans cette dialectique sans fin entre la connaissance et le monde, c'est toujours la connaissance qui a l'initiative, c'est elle qui organise notre compréhension du monde. Selon la conception empiriste classique, la connaissance

1. LCV, p. 58.

n'est rien d'autre qu'une forme de généralisation de la perception. Entre la connaissance et le monde, il n'y a alors ni sauts ni heurts. Dans le contexte néo-kantien français, rien de plus faux. Il faut au contraire voir au moins un débat sinon un conflit entre la connaissance et le monde. Héritier d'une telle lecture de Kant, c'est bien ce que Canguilhem affirme dans « La pensée et le vivant », quand il écrit : « le conflit n'est pas entre la pensée et la vie dans l'homme, mais entre l'homme et le monde dans la conscience humaine de la vie »[1].

Tout ceci conduit le jeune Canguilhem à une position éminemment critique envers toute conception qui se réclamerait simplement des faits. Dans le sillage de Lagneau et d'Alain, il reprend à son compte la thèse de la supériorité de la « valeur » sur le « fait »[2]. Que faut-il entendre par « valeur » ? Nous l'avons vu dans la partie précédente, c'est un terme qui n'est pas rare chez cet auteur, y compris dans *La connaissance de la vie*. Non seulement il n'est pas rare, mais il est utilisé à des endroits tout à fait décisifs de l'argumentation canguilhémienne. La valeur est fondamentalement ce qui vient s'opposer au fait. Il faut ainsi distinguer ce qui est (le fait) de ce qui doit être (la valeur). En aucun cas le monde ne doit commander l'action, car l'un relève du fait et l'autre de la valeur. C'est l'activité du jugement qui produit la valeur, et partant commande l'action. À l'orée des années 1930, Canguilhem ne cesse de revenir sur cette opposition entre fait et valeur, que l'on peut considérer comme « la chiquenaude initiale »[3] de toute sa philosophie.

1. LCV, p. 12.

2. X. Roth, *Georges Canguilhem et l'unité de l'expérience*, *op. cit.*, p. 148-149.

3. *Ibid.*, p. 121.

L'ARRIVÉE À TOULOUSE ET L'INSCRIPTION EN MÉDECINE : L'IRRUPTION DE LA TECHNIQUE (1936-1940)

En 1927, Canguilhem est reçu deuxième à l'agrégation de philosophie. Après l'obligation du service militaire, il entame, à compter de la rentrée 1929, une carrière d'enseignant de philosophie en classes préparatoires. S'il a déjà débuté son travail de réflexion sur l'opposition entre fait et valeur, entre empirisme et rationalisme, cela n'a pas débouché, pour le moment, sur quelque production académique que ce soit. À partir de 1929, les postes en lycée s'enchaînent : Charleville, Albi, Douai, Valenciennes, Béziers. En 1936, enfin, alors qu'il est désormais père de famille, il obtient, selon ses propres termes, « le seul poste qu'il ait vraiment souhaité »[1], la khâgne du lycée Fermat de Toulouse. L'arrivée à Toulouse marque incontestablement un tournant pour Canguilhem, non pas parce qu'il accède à ce poste tant désiré, mais parce que sa nouvelle stabilité professionnelle autorise une aventure, celle de l'inscription en première année de médecine.

Rétrospectivement, il est tentant d'y voir le désir d'une formation académique à même de permettre un discours scientifiquement informé lorsqu'il s'agira de produire une histoire des sciences ou une philosophie de la médecine. D'autres après lui chercheront à mimer cette pratique, celle d'un philosophe au contact de la science en train de se faire. Mais rétrospection n'est pas raison et au mitan des

1. « Entretien de Georges Canguilhem avec François Bing et Jean-François Braunstein », dans *Œuvres complètes, tome V, Histoire des sciences, épistémologie, commémorations, 1966-1995*, Paris, Vrin, 2018, p. 1281-1301., p. 1281.

années 1930, c'est à un autre besoin que vient répondre cette démarche inattendue et peu courante. Dans un entretien donné quelques semaines seulement avant son décès, Canguilhem s'en explique :

> Quand je suis arrivé à Toulouse, je me suis dit que je ferais peut-être bien d'ajouter à ce que j'avais pu acquérir jusqu'alors de connaissances d'ordre livresque en philosophie, quelques connaissances d'expérience, telles qu'on peut les obtenir de l'enseignement de la médecine et, peut-être, un jour, de sa pratique. Voilà la raison fondamentale[1].

C'est donc le goût des questions pratiques, des « connaissances d'expérience » qui ont motivé le choix de ce petit-fils d'agriculteur pour une discipline, la médecine, où tout n'est pas « d'ordre livresque ». Ce moment, celui de l'arrivée à Toulouse, correspond bien à une inflexion significative dans le cours de ses pensées. Lassé du pacifisme d'Alain alors que la menace allemande se fait chaque jour plus pressante, Canguilhem tend à se détourner de la veine idéaliste de la philosophie française telle qu'incarnée par le trio Lachelier, Lagneau et Alain, où tout est affaire de représentations mentales et d'entendement. La question du sujet connaissant ne peut être le tout de la philosophie car le problème de l'expérience au monde déborde celui du seul jugement d'un esprit désincarné. Il n'est bien sûr pas question pour autant d'en revenir à une conception empiriste. À ce moment-là, Canguilhem entrevoit une autre solution : remplacer le sujet connaissant par le sujet vivant[2].

1. « Entretien de Georges Canguilhem avec François Bing et Jean-François Braunstein », *op. cit.*, p. 1282.

2. X. Roth, *Georges Canguilhem et l'unité de l'expérience*, *op. cit.*, p. 143-146.

Dans le même temps, il ne récuse pas, et il ne récusera jamais, la supériorité de la valeur sur le fait. Simplement, la valeur, c'est-à-dire l'action de valoriser, n'est plus seulement l'apanage d'un sujet entendu comme subjectivité consciente d'elle-même (en bref, une personne). Elle devient la caractéristique de tout vivant, et concerne aussi bien l'homme que l'amibe (un vivant unicellulaire longtemps compris comme une sorte d'organisme minimal). Dans la thèse de médecine, quelques années après ce revirement, Canguilhem le dit très clairement, « vivre c'est, même chez une amibe, préférer et exclure »[1]. Tout vivant, même une amibe donc, est amené à produire des jugements, à exprimer des besoins. En cela, Canguilhem reconduit bien le problème classique du sujet connaissant en philosophie. Simplement, il le déplace sur le terrain de la vie. La faculté de juger n'est pas le propre de l'homme mais l'apanage de n'importe quel être vivant, même le plus simple. Le projet d'une philosophie du jugement demeure, mais il va devoir être remanié au sein d'une philosophie de la vie. La philosophie vitaliste de Bergson n'est alors plus le repoussoir qu'elle était à la fin des années 1920, puisque Bergson affirmait déjà de son côté, dans *L'évolution créatrice*, le caractère inséparable de la théorie de la connaissance et de la théorie de la vie[2]. À compter du milieu des années 1930, Canguilhem ne cessera plus de dialoguer avec la philosophie bergsonienne.

Ce que la médecine a à offrir, c'est l'expérience concrète d'un jugement *dans* l'action. Le médecin a le devoir d'agir pour soulager son patient, qui parfois se trouve dans une situation potentiellement mortelle. Il lui faut donc agir impérativement, quand bien même son

1. N&P, p. 84.
2. X. Roth, « Le jeune Canguilhem… », art. cit., p. 628.

jugement n'est pas assuré, n'a pas pour lui la certitude d'une complète compréhension. Dans le contexte général de la montée du nazisme, dans le contexte particulier des débuts de sa formation médicale, Canguilhem est sensibilisé à la nécessité de l'action, au primat de l'action sur le jugement. L'action ne peut systématiquement attendre que tous les tenants d'une situation soient connus. Tout indique, la pratique médicale au premier chef, que, de toutes parts, la raison est débordée par l'action. Ni la perception (empirisme) ni le jugement (rationalisme) ne sont premiers. Ce qui est premier, Canguilhem s'en persuade chaque jour davantage, c'est l'action.

On comprend bien désormais pourquoi la question de la technique et du rapport de la technique à la science s'est imposée comme centrale à compter de la seconde moitié des années 1930. Dans la tradition philosophique et scientifique française, celle incarnée héroïquement par les exceptionnelles réussites de Louis Pasteur, la technique est comprise comme de la science appliquée. Rappelons à nouveau la formule célèbre d'Auguste Comte : « Science d'où prévoyance ; prévoyance d'où action ». Autrement dit, selon cette conception, la connaissance est première et commande l'action. Canguilhem, grand lecteur de Comte (il lui avait consacré son diplôme d'études supérieures en 1926), va récuser cette maxime positiviste. Comme sa pratique naissante de la médecine le lui enseigne, ça n'est tout simplement pas vrai. L'art thérapeutique, à l'échelle de l'histoire, a largement précédé la compréhension médicale. Si tel est bien le cas, c'est bien plutôt l'action qui est première et la connaissance qui suit. Il faut alors inverser le rapport classiquement admis entre science et technique.

C'est à cette tâche qu'il s'attelle à l'occasion de deux textes demeurés longtemps peu connus et qui constituent ses premières productions académiques. Le premier s'intitule « Descartes et la technique » et reprend une conférence donnée en 1937 à Paris à l'occasion du IXe Congrès international de philosophie. La thèse centrale de ce texte est celle de l'irréductibilité de la technique à l'entendement. Loin de voir la technique comme une application de la raison scientifique, l'auteur propose que, à l'inverse, « la science procède de la technique [...] en ceci que l'embarras technique, l'insuccès et l'échec invitent l'esprit à s'interroger sur la nature des résistances rencontrées par l'art humain »[1]. Selon cette conception, la science serait fille des échecs de la technique. C'est parce que les techniques humaines rencontrent des « insuccès » que l'on a été conduit à tenter d'en comprendre la raison. L'origine de la raison scientifique n'est pas à chercher ailleurs que dans cet « embarras technique ». L'action non seulement précède le jugement mais l'autorise, dans le sens où l'inefficacité de l'action rend possible la constitution du jugement. Quelques mois plus tard, la même thèse antipositiviste sera réaffirmée avec force dans un second texte, non moins programmatique, « Activité technique et création »[2].

1. G. Canguilhem, « Descartes et la technique », dans *Œuvres complètes, Tome I*, Paris, Vrin, 2011, p. 490-499, p. 496-497.

2. G. Canguilhem, « Activité technique et création », dans *ibid.*, p. 499-509.

L'Entrée en résistance et la découverte des « maîtres » strasbourgeois (1940-1948)

C'est donc en partie dans l'apprentissage d'une activité concrète, celle de l'art médical, que Canguilhem a trouvé les ressources pour affirmer le primat de l'action sur le jugement et ainsi conférer un rôle propulsif à la technique. La débâcle française du printemps 1940 va rebattre drastiquement les cartes, mais, étonnement, dans un sens qui sera largement bénéfique à son nouvel engagement philosophique. À la rentrée de 1940, Canguilhem, qui ne souhaite pas enseigner « Travail, Famille, Patrie », se met en congés de l'Instruction Publique. Libéré de ses obligations, il peut redoubler d'efforts du côté de la médecine. Un an plus tard, il est amené à prendre la succession de Jean Cavaillès (1903-1944), qu'il a rencontré sur les bancs de l'ENS. Il intègre alors l'université de Strasbourg, repliée depuis quelques mois à Clermont-Ferrand. Cavaillès, spécialiste de philosophie des mathématiques, entré très tôt en résistance, a en effet obtenu un poste à la Sorbonne, laissant vacant son enseignement à Strasbourg.

Débute alors pour Canguilhem une période aussi tendue qu'exaltante, durant laquelle il poursuit ses études de médecine, met en place un nouvel enseignement de philosophie et s'engage activement dans la Résistance. À nouveau, il fait le constat du primat de l'action. D'autres, si nombreux, sous couvert de se donner le temps de peser le pour et le contre, laisseront passer le train de la lutte contre une situation intolérable. Pour ce qui le concerne, il ne fait pas de doute que l'urgence vitale de la situation commande l'action. Il sera toujours temps, plus tard et rétrospectivement, d'en rendre raison. À l'inéluctabilité du *fait* de la capitulation, Canguilhem oppose la *valeur* d'un engagement pour la liberté.

À compter de 1941, c'est à l'université de Strasbourg qu'il achève son cursus médical. Ce changement, qui doit tout à une série de contingences, va produire des effets considérables. Si la faculté de médecine de Toulouse est tout à fait respectable sur le plan scientifique, elle ne peut soutenir la comparaison avec celle de l'université de Strasbourg, qui bénéficie de la richesse de la tradition germanique. L'expérience est proprement sidérante pour cet apprenti médecin qui approche de la quarantaine. Au terme de sa vie, il le redit bien volontiers, c'est « dans les professeurs de la Faculté de médecine de Strasbourg [qu'il a trouvé] une représentation, une pratique de la biologie et de la médecine qui [l'a] réellement transformé ». C'est durant ces quelques mois (1941-1943) qu'il a « véritablement mesuré l'importance de la biologie et de la médecine lorsqu'elle est pratiquée et enseignée par des hommes supérieurs »[1]. Les mots sont forts, d'autant plus quand on sait avec quel soin ils étaient choisis. Dans le chapitre suivant, nous explorerons plus en détail la dette de la philosophie canguilhémienne vis-à-vis de la physiologie strasbourgeoise. Qu'il suffise pour le moment de signaler qu'Alfred Schwartz (son futur directeur de thèse), Charles Kayser ou Marc Klein, que Canguilhem rencontra à cette occasion, alliaient à la pratique de la médecine une conception très raffinée de l'expérimentation physiologique ainsi qu'une vaste culture philosophique. C'est en cela qu'ils étaient des « hommes supérieurs ».

1. « Entretien de Georges Canguilhem... », dans *Œuvres complètes, Tome V, op. cit.*, p. 1282-1283.

Cette transformation, qui allait se concrétiser par la thèse intitulée *Essai sur quelques problèmes concernant le normal et le pathologique* (1943), peut se suivre au jour le jour dans ses enseignements. La préparation de ses cours l'oblige à reprendre la question des rapports entre technique, connaissance et vie, à la lumière de ce qu'il retire désormais de son commerce avec ses maîtres strasbourgeois. Son enseignement lui sert « d'atelier ou de banc d'essai »[1] pour mettre au point une première synthèse, celle matérialisée par la thèse de médecine. C'est à ce moment qu'il en vient finalement à poser que « vivre c'est valoriser », propriété qu'il n'hésitera pas à attribuer à l'amibe, comme nous l'avons vu. Ce sont dans ces mois décisifs qu'il élabore le concept de normativité biologique qui rend compte de cette activité de valorisation du vivant, concept dont il faut partir pour se faire une idée plus juste de ce qu'est l'état normal et l'état pathologique.

Dès après la soutenance de sa thèse, Canguilhem se voit de plus en plus accaparé par ses fonctions dans la Résistance. Sous le pseudonyme de « Lafont », il occupe désormais un rôle clé dans l'organisation du mouvement Libération Sud. La répression allemande s'intensifiant, il est amené à prendre le maquis pour être capable de poursuivre ses activités clandestines. Le 10 juin 1944, assurant avec d'autres l'intendance médicale durant la bataille du Mont Mouchet, Canguilhem est forcé de procéder à l'amputation d'un de ses camarades, peut-être le seul moment de sa vie où il pratiquera la médecine. À nouveau, l'urgence vitale a commandé l'action.

1. C. Limoges, « Philosophie biologique, histoire des sciences et interventions philosophiques, Georges Canguilhem, 1940-1965 », dans *Œuvres complètes, Tome IV*, Paris, Vrin, 2015, p. 7-48, p. 33.

Après l'armistice, décoré de la Croix de guerre, Canguilhem reprend son poste de maître de conférences à l'université de Strasbourg, quittant définitivement Clermont-Ferrand pour rejoindre l'Alsace. Cavaillès, lui, n'a pas survécu. Arrêté et torturé, il est finalement exécuté au début de l'année 1944. Bien que lui-même intéressé par la spéculation la plus abstraite, celle touchant à la philosophie des mathématiques, il fut un des premiers à s'engager dans la Résistance. Canguilhem ne cessera de méditer sur ce que nous dit une telle trajectoire, nouvelle preuve s'il en fallait que l'action ne peut attendre la préparation du jugement.

Durant les mois qui suivent la Libération, il reprend d'arrache-pied son projet d'une philosophie biologique. Ce sont ses enseignements, à nouveau, qui témoignent le mieux de cet effort. Son cours de 1946-1947, sobrement intitulé « Philosophie et Biologie » doit être compris comme la « matrice »[1] des thèses plus tard rassemblées dans *La connaissance de la vie*, et en particulier des idées constitutives du triptyque « Aspects du vitalisme », « Mécanisme et organisme » et « Le vivant et son milieu ». Mais ce moment d'intense élaboration marque aussi l'acmé de son engagement philosophique. En effet, Canguilhem n'est pas satisfait de sa situation à Strasbourg. Il souffre en particulier de la pesanteur hiérarchique de l'Université à cette époque, lui qui n'est que maître de conférences. Aussi, lorsque Gustave Monod lui propose, une seconde fois, de réintégrer l'Instruction Publique en tant inspecteur général, il décide de quitter Strasbourg pour retourner à Paris.

1. C. Limoges, « La confirmation... », dans *Œuvres complètes, Tome V*, *op. cit.*, p. 19.

La charge d'inspecteur général de l'instruction publique (1948-1955)

Durant sept ans, de part et d'autre de la cinquantaine, Canguilhem s'investit pleinement dans ses nouvelles fonctions. Celles-ci concernent prioritairement bien sûr les inspections proprement dites, auxquelles il apporte le plus grand soin et, semble-t-il, la plus grande fermeté. Mais on attend de lui également qu'il assure d'autres tâches, comme la présidence du jury de l'agrégation de philosophie ainsi que de nombreuses missions administratives de natures très diverses. Aussi ce nouveau *métier* a-t-il une incidence très directe sur sa production philosophique, qui ne peut que baisser en intensité durant cette longue parenthèse. La période tourmentée mais flamboyante des années 1940, celle où ses réflexions rencontrèrent le terreau si fertile de l'École médicale strasbourgeoise, est définitivement refermée.

Pour malgré tout continuer, par d'autres moyens, à travailler à sa philosophie biologique, Canguilhem met à profit certaines occasions liées à sa nouvelle charge d'inspecteur. L'exemple le plus remarquable est probablement celui de journées « pour la coordination des enseignements de philosophie et de sciences naturelles »[1] qui se tinrent en 1951 au Centre international pédagogique de Sèvres. C'est l'obligation de réfléchir à la question de l'expérimentation dans le cadre de l'enseignement scolaire qui le conduit à produire une étude inédite, « L'expérimentation en biologie animale », étude intégrée dès 1952 à *La connaissance de la vie*. Ce contexte scolaire

1. LCV, p. 7.

est d'ailleurs tout à fait transparent. C'est pour cette raison que Canguilhem débute son investigation en regrettant que la dimension proprement aventureuse de l'expérimentation soit rendue invisible par l'enseignement scientifique de son époque, celui de la IVe République :

> Enfin et surtout, faute de choisir expressément, pour apprécier la signification et la portée spécifique du discours méthodologique de Claude Bernard, des exemples d'opérations exactement contemporaines du seul savoir authentique, qui est une rectification de l'erreur, on en vient, pour n'utiliser que des exemples d'expérimentation de portée didactique, consignés dans les manuels d'enseignement, à altérer involontairement mais profondément le sens et la valeur de cette entreprise pleine de risques et de périls qu'est l'expérimentation en biologie[1].

Autrement dit, l'enseignement échoue complètement à rendre compte de la portée polémique de l'expérimentation, qui souvent est instituée *contre* une hypothèse jugée erronée, beaucoup plus qu'elle n'est censée confirmer l'expérimentateur dans son idée. On pourra remarquer que, de ce point de vue, la critique canguilhémienne conserve aujourd'hui toute sa pertinence. On peut aussi noter qu'à cette occasion, le recours à Bachelard s'accuse, puisque le « savoir authentique » consiste ici dans une « rectification de l'erreur ». À compter du début des années 1950, Canguilhem se rapproche davantage de Bachelard, auquel il s'apprête à succéder à la Sorbonne.

Si donc le métier d'inspecteur limite sa production philosophique, il ne l'annule pas pour autant. C'est durant ces années qu'il parvient à publier *La connaissance de*

1. LCV, p. 20.

la vie. C'est durant ces années qu'il trouve le temps de rédiger sa thèse de philosophie, *La formation du concept de réflexe aux* XVIIe *et* XVIIIe *siècles*. Celle-ci est dirigée par Bachelard lui-même et le titre retenu fait écho à un des grands livres de ce dernier, *La formation de l'esprit scientifique* (1938). La soutenance se tint finalement en Sorbonne le 30 avril 1955, quelques semaines seulement avant le départ à la retraite de Bachelard.

On sait gré à Camille Limoges d'avoir démêlé l'écheveau qui conduisit Canguilhem à soutenir comme thèse principale (dans le cadre de ce qu'on appelait à l'époque une « thèse d'état ») son étude historique sur la constitution du concept de réflexe et, comme thèse dite complémentaire, son recueil sur *La connaissance de la vie*[1]. À cette époque une thèse d'état était un travail de plus grande envergure que ce qu'on appelle aujourd'hui « thèse de troisième cycle » (équivalent français du « PhD » américain). Elle nécessitait la rédaction de deux mémoires : un premier mémoire, le plus abouti, valant comme thèse principale, un second, moins ambitieux, jouant le rôle de thèse complémentaire.

La thèse de 1955, celle sur le concept de réflexe, a définitivement lancé la carrière de Canguilhem comme historien des sciences, avec la réussite que l'on sait. Pourtant, quelques mois encore avant la soutenance, ça n'est pas ce qui était prévu, loin de là. Le grand projet de l'auteur, à la fin des années 1940, est toujours celui d'une philosophie biologique qui viendrait s'incarner dans un livre. Un tel livre était prévu (et attendu) et il aurait dû constituer la thèse principale de philosophie. Malheureusement,

1. C. Limoges, « La confirmation… », dans *Œuvres complètes, Tome V, op. cit.*, p. 20-23.

accaparé par ses prérogatives administratives comme cadre de l'Instruction Publique, ce projet, dont nous tenterons de donner les grandes lignes dans le chapitre conclusif du présent livre, s'est avéré impossible à réaliser. En guise de quoi, pressé par la nécessité de soutenir pour pouvoir succéder à Bachelard, Canguilhem s'est finalement résolu à présenter comme thèse principale son mémoire sur l'histoire du concept de réflexe, initialement envisagé comme thèse complémentaire. *La connaissance de la vie* a alors pris la place de thèse complémentaire, laissée vacante. Faute de temps, il y a donc eu une inversion pour le moins significative dans l'ordre des priorités : l'histoire des sciences s'en est trouvée promue au détriment de la philosophie biologique.

LE DÉTOUR PAR L'HISTOIRE DES SCIENCES (1955-1971)

À compter de la rentrée 1955, Canguilhem est enfin professeur de philosophie à l'Université, à cinquante-et-un ans et après bien des détours. La période qui s'ouvre alors est la mieux connue car elle correspond au moment de rayonnement intellectuel maximal de ce dernier. À la direction de l'Institut d'histoire des sciences et des techniques, le célèbre « Institut de la rue du Four », dans le VIe arrondissement de Paris, Canguilhem fait école. Son séminaire est des plus courus et accueille des intellectuels et des savants de première envergure, comme par exemple les récipiendaires du prix Nobel de médecine André Lwoff (1902-1994), François Jacob (1920-2013) et Jacques Monod (1910-1976). Le titulaire de la chaire d'histoire et de philosophie des sciences de la Sorbonne agrège une phalange d'élèves prometteurs, dont beaucoup, comme François Dagognet (1924-2015), Claire Salomon-Bayet (1932-2016) ou Dominique Lecourt (1944-2022), occuperont ensuite des postes importants dans le monde académique français.

Son nouveau *métier* l'oblige : c'est maintenant vers l'histoire des sciences qu'il doit diriger ses efforts. Si avant 1955 ses incursions dans ce domaine sont rarissimes, la parution aux Presses Universitaires de France, dans la collection dirigée par Bachelard, de sa thèse principale de philosophie marque le début d'une intense activité de recherche et de publication comme historien des sciences. Dans les années qui suivent se succèdent à une cadence élevée de nombreuses études consacrées à Claude Bernard, Darwin, Bichat mais aussi Vésale ou Galilée. Les entrées ne sont pas seulement biographiques, l'attention pouvant se porter sur le « concept de lutte pour l'existence », « l'idée de médecine expérimentale » ou encore la « pathologie de la thyroïde ».

Cette activité historiographique nouvelle va ainsi produire de nombreuses études de cas toujours érudites et ciselées qui, plus d'un demi-siècle plus tard, continuent d'être des stimulants de la recherche. Leurs leçons ne seront jamais oubliées car, d'abord parues au gré des sollicitations, parfois dans des publications très confidentielles, elles seront rassemblées dans deux recueils fameux, constamment réédités jusqu'à aujourd'hui : *Études d'histoire et de philosophie des sciences concernant les vivants et la vie* (1968) et *Idéologie et rationalité dans l'histoire des sciences de la vie* (1977).

Bien que ces études aient authentiquement produit de la connaissance historiographique sur tel ou tel savant ou tel ou tel concept, le legs principal n'est pourtant pas là, mais concerne en premier lieu la méthode en histoire des sciences. Cette méthode, souvent désignée par le terme ambigu d'« épistémologie historique », Canguilhem en a progressivement élaboré les règles à partir de sa thèse sur le concept de réflexe. Elle trouvera ensuite à s'incarner dans trois textes aussi difficiles que suggestifs : « L'objet de l'histoire des sciences » (1966), « Qu'est-ce qu'une idéologie scientifique ? » (1969) et « Le rôle de l'épistémologie dans l'historiographie contemporaine » (1976).

Ce n'est pas le lieu ici de dresser un panorama, même sommaire, de ce qu'était pour Canguilhem la bonne pratique de l'histoire des sciences. Nous renvoyons pour cela à trois études récentes particulièrement éclairantes[1]. Qu'il suffise de signaler qu'il ne s'est pas contenté d'importer dans les sciences biomédicales les préceptes énoncés auparavant par Bachelard. Si certes Canguilhem s'est montré attentif aux enseignements d'une épistémologie de la rupture, où le cours de la science se trouve régulièrement scandé par les saccades du génie, il a largement remanié cet appareil interprétatif pour le rendre opératoire sur un terrain où la science n'a pas prioritairement été, comme en physique, un formalisme mathématique. Aussi, sa préoccupation

1. P.-O. Méthot, « On the genealogy of concepts and experimental practices : Rethinking Canguilhem's historical epistemology », *Studies in History and Philosophy of Science*, *Part A* 44, 1, 2013, p. 112-123 ; C. Limoges, « Épistémologie historique et histoire épistémologique des sciences chez Georges Canguilhem », dans *Œuvres complètes, Tome III*, *op. cit.*, p. 7-123 ; S. Roux, « L'historicité des sciences comme problème : Canguilhem », dans L. Fabry, S. Roux (dir.), *Bachelardismes et anti-bachelardismes en France : Controverses épistémologiques des années 1960*, Paris, Classiques Garnier, 2025, p. 47-78.

pour les filiations, évidente dans « La théorie cellulaire », comme nous l'avons vu, n'a pas été répudiée par la suite, loin s'en faut. « D'où ça vient ? » allait demeurer son mot d'ordre principal[1].

Qu'est devenu alors son projet d'une philosophie biologique, lui qui était si prégnant au cours des années 1940 ? Il n'a pas disparu corps et biens avec sa nomination à la Sorbonne. Canguilhem l'a poursuivi, mais obliquement, au détour de l'histoire des sciences. En toile de fond, c'est bien toujours l'originalité du vital qui l'intéresse. Sa thèse sur le concept de réflexe ne fait rien autre chose que réhabiliter le vitalisme (sous les traits du médecin Thomas Willis (1621-1675)) contre le mécanisme (celui de Descartes). Ce serait dans un contexte vitaliste qu'aurait été formé le premier concept de réflexe, chez Willis donc et non pas chez Descartes. Beaucoup de ses travaux en histoire des sciences sont de la même veine. Sous couvert d'histoire, Canguilhem poursuit ses réflexions sur l'individualité biologique, l'expérimentation dans les sciences de la vie, ou les limites du mécanisme. C'est-à-dire la plupart des thèmes centraux de *La connaissance de la vie*, thèmes sur lesquels il n'a en fait jamais cessé de travailler.

Il en est de même pour le concept de normativité biologique, sur lequel il lui faudra revenir à compter des années 1960 du fait de l'essor d'une nouvelle biologie mécaniste, la biologie moléculairel[2]. En 1966 paraît une nouvelle édition de sa thèse de médecine dont le titre, simplifié, est désormais *Le normal et le pathologique*.

1. D. Lecourt, *Georges Canguilhem*, «Que sais-je ? », Paris, Puf, 2008, p. 118.

2. Cet aspect est détaillé dans le chapitre suivant.

Par rapport à la version de 1943, celle-ci est enrichie de trois nouvelles études, toutes élaborées durant les années 1960 : « Du social au vital », « Sur les normes organiques » et « Un nouveau concept en pathologie : l'erreur ». À elles trois, elles forment la section « Nouvelles réflexions concernant le normal et le pathologique », ce qui signale, sans possibilité d'erreur, la constance de son engagement.

Aussi bien, si les aléas de la vie ont pu contrarier le projet philosophique de Canguilhem, ils ne l'ont toutefois pas empêché. Avec difficulté parfois mais aussi avec obstination, c'est bien une philosophie biologique qui structure la totalité de son œuvre et de sa réflexion, au moins à partir du début des années 1940. Même quand l'histoire des sciences est devenue son occupation principale, son métier, elle n'a jamais été pratiquée uniquement pour elle-même, c'est-à-dire à des fins de pure connaissance historiographique. Si par exemple Canguilhem s'est intéressé à l'histoire du concept de réflexe, c'est aussi pour contester la vision d'un vivant humain réduit à la condition de simple automate. Derrière l'histoire, une certaine idée de l'homme était en jeu. Par-delà l'histoire des sciences, qui a ainsi pu faire écran, il a toujours été question d'autre chose aussi : de la nature humaine, de la nature de la vie, de la nature de la connaissance.

CHAPITRE 5

QUELLE BIOLOGIE ?

Maintenant que le projet porté par *La connaissance de la vie* a été replacé dans le cours de l'œuvre et de la carrière de son auteur, il s'agit d'examiner non plus le contexte philosophique de ce livre mais son contexte scientifique. En effet, la question des sources biologiques mobilisées par Canguilhem est loin d'être neutre, et lui-même nous invite à le faire puisqu'il propose à la fin de l'ouvrage une bibliographie. Celle-ci n'est pas à entendre au sens usuel du terme, comme « dénombrement entier de tous les ouvrages ou articles cités dans les études précédentes »[1]. C'est au contraire un outil exprimant déjà une idée bien précise puisqu'elle « vise à réunir les textes fondamentaux et les mises au point concernant des questions essentielles, de façon à constituer une documentation de biologie générale susceptible d'être utilisée aujourd'hui dans une intention philosophique »[2]. On ne peut être plus clair : le tout-venant de la biologie n'intéresse pas l'auteur, qui a concentré son attention uniquement sur les « questions essentielles », c'est-à-dire celles touchant à la « biologie générale », et ce dans une « intention philosophique ».

1. LCV, p. 245.
2. LCV, p. 245.

Le terme « biologie générale », aujourd'hui désuet, désignait au début du XXe siècle l'ensemble de ces questions essentielles : la nature du protoplasme (la matière des cellules), les mécanismes de l'évolution, ceux de l'hérédité, la dynamique du développement embryonnaire, etc. Autrement dit, les conceptions qui interrogent au plus près ce qu'est le phénomène vital lui-même.

Il convient donc, afin de mieux comprendre le contenu de *La connaissance de la vie*, de rendre pleinement explicite ce qu'étaient les connaissances sur la vie au cours de cette période et la manière dont Canguilhem s'empara de certaines d'entre elles. C'est aussi à la lumière de la biologie qu'il faut interroger sa philosophie. Ce chapitre propose ainsi un état de l'art de la biologie au mitan du XXe siècle afin de voir comment l'auteur a pu privilégier certaines connaissances biologiques au détriment d'autres, non moins fondamentales pourtant. Même au sein de la biologie générale, toutes les connaissances n'ont pas rencontré identiquement son « intention philosophique ».

En l'espace de quelques pages, il est bien sûr impossible de faire le tour d'une question aussi riche. Ce chapitre examine seulement certains aspects des rapports de Canguilhem à la biologie, ceux jugés les plus essentiels à une bonne intelligence de *La connaissance de la vie*. D'autres ne peuvent être abordés ici, et mériteraient très certainement des études plus approfondies. Parmi ceux-ci, on peut signaler l'importance, probablement sous-estimée, des lectures qu'il fit de l'œuvre du zoologiste français Lucien Cuénot (1866-1951), qui attira l'attention sur la remarquable capacité d'« invention » du vivant[1] au

1. L. Cuénot, *Invention et finalité en biologie*, Paris, Flammarion, 1941.

moment même où Canguilhem débutait l'élaboration de sa philosophie biologique. On peut aussi penser à la proximité de ses conceptions sur l'organisme comme totalité avec celles de la tradition dite « organiciste » ou « holiste » en biologie, dont l'embryologiste Conrad Waddington (1905-1975) fut un des représentants les plus connus. Enfin, on pourrait interroger ce qu'il demeure de cette critique anti-mécaniste alors que la biologie, que ce soit la génétique des populations ou la biologie moléculaire, s'est sans cesse approfondie dans un sillon réductionniste et que celui-ci a été le vecteur de progrès majeurs depuis les années 1970. Voilà, parmi d'autres, des pistes susceptibles de permettre d'approfondir notre compréhension du projet philosophique canguilhémien.

UN MÉCANISME PARFOIS OUTRANCIER

Le « vitalisme » de Canguilhem, sa volonté de ne pas annuler l'originalité du vital, pourrait aujourd'hui prêter à incompréhension. Pour en saisir la pertinence, il est indispensable de comprendre *contre quoi* l'auteur a souhaité poser des garde-fous. On ne mesure plus en effet à quel point la biologie, durant les trois premières décennies du XXe siècle, a pu être animée d'un mécanisme d'une radicalité et d'un simplisme extrêmes, à côté de quoi les spéculations cartésiennes pourraient passer pour fades. Cette époque correspond à une sorte d'âge d'or des théories protoplasmiques, où l'espoir était de rendre compte, intégralement, des grandes questions de la biologie générale (évolution, hérédité, embryogenèse) au moyen de l'étude physico-chimique de la matière semi-fluide contenue à l'intérieur des cellules. Aussi bien, de manière générale, l'horizon de cette époque était tout simplement la dissolution du biologique dans le physico-chimique.

Pour illustrer cette inclination très marquée, nous prendrons deux exemples, tous deux connus de Canguilhem. Le premier est celui des travaux du biologiste américain d'origine allemande Jacques Loeb (1859-1924). Grand spécialiste de la parthénogenèse artificielle (le fait pour un œuf de pouvoir débuter son développement embryonnaire même en l'absence de fécondation par un spermatozoïde), sa conception protoplasmique de la vie était typique du réductionnisme physicaliste qui dominait alors la scène biologique. Dans les années 1910 et 1920, cette conception s'est incarnée dans plusieurs livres très connus, notamment *The Mechanistic Conception of Life* (1912), traduit en français en 1927. Ce livre figure dans la bibliographie sélective de *La connaissance de la vie*. On y lit sans détour une compréhension ouvertement physico-chimique du processus vital, réduit à un ensemble de réactions d'oxydation se déroulant au sein de l'œuf en développement. C'est de la même manière que Loeb souhaita rendre compte de phénomènes complexes, comme les tropismes (la tendance pour un organisme, notamment végétal, de croître dans une direction privilégiée, par exemple celle de la lumière) ou même les instincts chez les animaux. Sa conception mécanique de la vie était à ce point radicale qu'elle aura pu choquer même au sein du sérail des savants mécanistes. Ainsi, Alfred Giard (1846-1908), autre biologiste très influent de cette période, titulaire de la chaire d'évolution des êtres organisés de la Sorbonne, prévient, dans la préface qu'il donne à une traduction française d'un livre de son collègue américain : « il est pour le moins téméraire de vouloir faire entrer nos conceptions biologiques dans le lit de Procuste d'une mécanique trop étroite »[1].

Mais il n'est pas besoin d'aller chercher en Allemagne ou aux États-Unis des exemples de conceptions mécanistes aussi extrêmes. En France également, il a existé des biologistes, et non des moindres, pour insuffler une nouvelle vigueur à la thèse cartésienne de l'animal-machine. Frédéric Houssay (1860-1920) fut de ceux-là. Licencié de mathématiques et de physique, professeur de zoologie à la Sorbonne, il promeut à compter de 1900 l'application de la « méthode mécanique en zoologie ». Cela revient à expliquer les caractéristiques morphologiques et anatomiques des animaux en faisant exclusivement appel aux forces physico-chimiques. Cette méthode trouve à s'incarner dans différents programmes de recherche, dont un essai de « morphologie dynamique » où il est question de rendre compte de la forme des poissons en les identifiant à des corps élastiques soumis à la pression de l'eau du fait de la nage. Dans *Forme, puissance et stabilité des poissons* (1912), il explique : « L'être étant supposé plastique et par suite modelable, la force modelante est la résistance que l'eau oppose au déplacement »[2].

On comprend mieux alors pourquoi, à la lecture de telles assertions, Canguilhem voudra complexifier la relation entre le vivant et son milieu et rendre au vivant, sinon une

1. A. Giard, « Préface », dans J. Loeb, *La dynamique des phénomènes de la vie*, Paris, Alcan, 1908, p. XIV.

2. F. Houssay, *Forme, puissance et stabilité des poissons*, Paris, Hermann, 1912, p. 7. Nous signalons la parution imminente d'une très belle étude sur la biologie mécaniste de Frédéric Houssay : M. Aziz-Luquet, *Le poisson et l'ingénieur, Frédéric Houssay (1860-1920) et le projet d'une mécanique des formes vivantes*, Paris, Matériologiques, 2025.

certaine autonomie, du moins une marge de manœuvre vis-à-vis des déterminismes de son environnement. À la lumière du mécanisme souvent simpliste et outrancier du début du XXe siècle, on lit différemment certains passages de *La connaissance de la vie* :

> Le milieu devient un instrument universel de dissolution des synthèses organiques individualisées dans l'anonymat des éléments et des mouvements universels. Lorsque les néo-lamarckiens français empruntent à Lamarck, sinon le terme au sens absolu et pris au singulier, du moins l'idée, ils ne retiennent des caractères morphologiques et des fonctions du vivant que leur formation par le conditionnement extérieur et pour ainsi dire par déformation. Il suffit de rappeler les expériences [...] de Houssay sur la forme, les nageoires et le métamérisme des poissons[1].

UN TROPISME PHYSIOLOGIQUE ÉVIDENT

Que ce soit dans l'*Essai sur quelques problèmes concernant le normal et le pathologique* ou même dans *La connaissance de la vie*, la biologie qui intéresse au premier chef Canguilhem est celle qui a affaire au fonctionnement des êtres vivants, c'est-à-dire ce que l'on désigne habituellement par le terme « physiologie ». Bien sûr, à certains endroits, l'argumentation peut investir d'autres terrains, comme ceux de la théorie cellulaire, de l'écologie, de la théorie de l'évolution ou de l'embryologie, comme nous l'avons vu dans la première partie de ce livre, mais il est un fait que le centre de gravité se trouve incontestablement du côté de la physiologie.

1. LCV, p. 172.

Rien d'étonnant à cela puisque c'est à l'aune de sa formation de médecin que Canguilhem a mûri son projet philosophique. Nul doute que formé au contact de la nouvelle génétique des populations, ce dernier aurait été radicalement autre. Par ailleurs, comme nous l'avons rappelé plus haut, le livre manifeste de Claude Bernard, son *Introduction à l'étude de la médecine expérimentale*, était déjà au programme de philosophie du lycée quand le jeune Canguilhem était lui-même élève. Tout ceci fait que, sans surprise, le physiologiste du Collège de France est son interlocuteur privilégié, en particulier dans l'*Essai* de 1943 et le recueil de 1952. C'est contre Bernard que Canguilhem appelle à voir le pathologique comme autre chose qu'une variation quantitative du normal. C'est avec Bernard qu'il souligne les difficultés de l'expérimentation en biologie. C'est toujours Bernard, beaucoup plus que Kant, qui lui sert à penser la finalité interne de l'organisme, où le fonctionnement de chaque organe s'effectue en harmonie avec celui des autres afin de maintenir la vie d'une totalité. Quasiment à chaque pas de sa réflexion philosophique, c'est très vite la propre philosophie biologique de Bernard que l'on décèle.

Car voilà pourquoi celui-ci lui a tant plu : il ne s'est pas contenté de produire des découvertes, il a accompagné celle-ci d'une méditation sur la nature de la vie. Cette réflexion philosophique se donne à voir dès l'*Introduction* (1865), mais plus encore dans les *Leçons sur les phénomènes de vie communs aux animaux et aux végétaux* (1878), ouvrage testament de Bernard que Canguilhem prendra lui-même soin de rééditer en 1965. On n'a peut-être pas assez remarqué que ce dernier fut particulièrement intéressé par les savants qui s'étaient eux-mêmes essayés à la philosophie biologique, parmi lesquels, outre Bernard, on peut compter Comte et Bichat. Chez eux, on trouve une réflexion explicite sur ce qu'est la vie et ce qu'est un organisme vivant, autant de sujets centraux pour Canguilhem lui-même.

À l'inverse, rien de tout ça chez celui qui est souvent présenté comme le fondateur de la médecine moderne, Louis Pasteur (1822-1895). À tel point que la thèse de médecine de 1943 ignore complètement la microbiologie. Il faudra de fait attendre les travaux de François Dagognet pour que les thématiques pasteuriennes intègrent, enfin, le périmètre des réflexions canguilhémiennes[1]. C'est que Pasteur, contrairement à Bernard donc, chimiste de formation, ne s'est jamais aventuré sur le terrain d'une philosophie biologique. La question de l'organisme, de l'individu biologique, n'a chez lui pas de signification particulière. La maladie pasteurienne n'est pas de l'ordre de la dysfonction mais de l'invasion : c'est un pathogène, un « microbe », qui en est la cause fondamentale. On sort bien alors de la physiologie pour entrer sur le terrain de la microbiologie, un terrain qui n'a jamais beaucoup intéressé Georges Canguilhem.

Ce tropisme physiologique s'est trouvé considérablement renforcé quand ce dernier a rencontré ses « maîtres », ceux de l'École médicale strasbourgeoise. En effet, non seulement ces médecins s'intéressent aux questions proprement philosophiques, comme celle de la distinction entre normal et pathologique, mais ils ont une pratique de la physiologie d'une très haute valeur scientifique. Il y a bien sûr les travaux d'Étienne Wolff en

1. Fr. Dagognet, *Méthodes et doctrine dans l'œuvre de Pasteur*, Paris, Puf, 1967.

tératologie expérimentale, sur lesquels nous sommes déjà revenus[1]. Mais il y a aussi, et peut-être même plus encore, les travaux d'endocrinologie de la reproduction, dont Pol Bouin (1870-1962) et Paul Ancel (1873-1961) furent les instigateurs principaux. Entre Nancy et Strasbourg, au gré des aléas politiques, cette École fut plus une école de pensée qu'une tradition rattachée à un lieu particulier. Les découvertes de Bouin, d'Ancel et de leurs nombreux collaborateurs et élèves (Wolff était de ceux-là) furent déterminantes dans la caractérisation de la régulation hormonale de l'activité reproductrice chez les animaux, à tel point qu'elles furent très tôt considérées comme le fondement de l'endocrinologie sexuelle. Rappelons que ce sont les travaux de cette École qui démontrèrent, entre autres choses, le rôle des cellules interstitielles des testicules dans la production de testostérone ou bien encore le rôle endocrine du corps jaune chez la femelle.

Ces réussites étaient fondées sur une pratique très raffinée de l'expérimentation biologique où les techniques d'ablation, de greffe et d'injection ont tenu un rôle clef. Il fallait tout à la fois décomposer analytiquement l'organisme tout en prenant soin de respecter son caractère d'individu, cohérence du tout précisément assurée par le jeu réglé des hormones, des tissus qui les sécrètent et des cellules cibles sur lesquelles elles agissent. Autrement dit, il n'est pas interdit de voir dans les réussites de cette école endocrinologique l'acmé de la méthodologie bernardienne. Ainsi, à Strasbourg, notamment par l'entremise de Marc Klein, lui-même élève de Bouin, c'est d'une certaine façon avec Claude Bernard que Canguilhem put approfondir son dialogue, mais un Claude Bernard informé des découvertes

1. Au chapitre 3, p. 116 *sq*.

les plus récentes de la physiologie. Ce faisant, la question de la méthode expérimentale en biologie et la question de l'individualité de l'organisme ne pouvaient en être que profondément renouvelées. De nombreux passages de la thèse de médecine et de *La connaissance de la vie* portent la marque évidente de ce contexte si favorable, comme lorsque l'auteur mobilise des expériences d'ablation de l'ovaire chez l'oiseau[1] ou de transplantation d'ovaires chez le rongeur[2] (dans « L'expérimentation en biologie animale »), ou encore lorsqu'il interroge la nature de l'individualité biologique dans « La théorie cellulaire », texte largement redevable à Marc Klein.

L'École médicale de Strasbourg a donc été le creuset d'élaboration de la philosophie biologique canguilhémienne, prioritairement préoccupée de la question de la coordination des parties au sein du tout de l'organisme, une question foncièrement physiologique. On pourra noter, pour conclure, que ce tropisme physiologique a concerné un autre Canguilhem, Bernard, un des enfants de Georges Canguilhem, qui plus tard devait poursuivre les travaux de physiologie du métabolisme de Charles Kayser (1899-1981) à l'université de Strasbourg.

LES DEUX RÉVOLUTIONS BIOLOGIQUES DU XXe SIÈCLE

La physiologie, beaucoup plus que l'anatomie ou la microbiologie, a donc été la discipline biologique qui aura continuellement inspiré l'engagement philosophique de Canguilhem. En cela, sa philosophie regarde plutôt du côté du XIXe siècle, moment de constitution de la physiologie

1. LCV, p. 36.
2. LCV, p. 41-42.

expérimentale. Voilà pourquoi, dans ses écrits, bien qu'il mobilise régulièrement des sources plus récentes, il peut faire référence à Claude Bernard comme à une autorité scientifique. Ce faisant, cette réflexion philosophique, à première vue, semble moins directement concernée par les bouleversements de la biologie qui lui ont été peu ou prou contemporains : celui de refondation de la théorie darwinienne de l'évolution et celui de l'essor, si prompt et si spectaculaire, de la biologie moléculaire. Nous verrons que tel n'a pas été le cas et que cette philosophie biologique a bien rencontré l'une et l'autre de ces révolutions. Avant d'examiner plus en détail les modalités de ces rencontres, il est indispensable de commencer par rappeler ce en quoi ont consisté ces deux révolutions biologiques du XXe siècle.

La Théorie synthétique de l'évolution, « Modern Synthesis » en anglais, est la forme moderne, scientifiquement aboutie, du darwinisme. En effet, si l'œuvre de Charles Darwin (1809-1882), et en particulier *L'Origine des espèces* (1859), avait convaincu la plupart des savants de son époque de la pertinence du *fait* de l'évolution (les espèces se transforment), elle n'avait pas su imposer le *mécanisme* de sélection naturelle (le moyen par lequel les espèces se transforment). Durant la période 1860-1920, on préfère en général d'autres « facteurs » évolutifs, comme l'hérédité des caractères acquis ou bien encore des forces internes au vivant qui guideraient l'évolution dans des chemins relativement prédéfinis. Ce moment de crise, souvent qualifié d'éclipse du darwinisme, se caractérise par l'absence de consensus sur cette question. En France, c'est une forme de lamarckisme qui domine alors les explications. Pour la plupart des biologistes de cette époque, les organismes sont capables de s'adapter au cours de leur vie et de transmettre au moins une partie de leurs modifications à leur descendance : l'hérédité des caractères acquis est pensée comme le moteur de l'évolution.

En 1900, la redécouverte des lois de Mendel aggrave la crise. En effet, à ses débuts, la génétique met en avant des cas de figure où les caractères se transmettent de manière drastiquement qualitative, sur le mode du tout ou rien : une fleur est mauve ou blanche, une graine est lisse ou ridée. En outre, on postule que de nouveaux caractères peuvent apparaître en une seule génération, par « mutation », et ensuite se maintenir inchangés durant un temps très long. Certains font même l'hypothèse que la mutation, à elle seule, produit de nouvelles espèces, et donc l'évolution tout entière, ce qui rend la sélection naturelle sans objet. La sélection naturelle est ainsi reléguée, par les premiers mendéliens comme par la plupart des biologistes au début du XXe siècle, au rang de facteur secondaire. On lui reconnaît au mieux un rôle négatif, celui de l'élimination des inaptes, des monstres non viables.

À compter des années 1920, les choses commencent à changer. La génétique n'est plus seulement appréhendée dans le contexte de travaux expérimentaux mettant en jeu les caractéristiques concrètes d'organismes réels (la couleur des fleurs chez le pois, la couleur du pelage chez la souris, la forme des ailes chez la mouche, etc.) mais est aussi envisagée dans un cadre beaucoup plus abstrait et mathématisable. Les populations d'organismes y sont conçues comme de vastes ensembles d'allèles (les versions différentes d'un même gène) et l'évolution y est strictement définie comme la variation des fréquences alléliques. Dans un tel cadre interprétatif, un facteur évolutif est tout ce qui peut affecter la fréquence des allèles au sein d'une population. De ce point de vue, la sélection naturelle est incontestablement un facteur évolutif : sous l'effet de la sélection naturelle, certains allèles, ceux conférant une meilleure adaptation à leurs porteurs (une meilleure *fitness*) dans un milieu donné, vont devenir plus fréquents au détriment d'autres, qui pourront éventuellement être éliminés.

C'est sur cette base que s'élabore la génétique des populations, une discipline formelle, qui produit des modèles mathématiques rendant compte de l'intensité de la sélection naturelle et de la cinétique de diffusion des allèles dans différents scénarios. Cette nouvelle branche des sciences de la vie, éminemment abstraite, est incompréhensible pour la plupart des biologistes, attachés à la description d'organismes concrets. Au cours des années 1920 et 1930, la génétique des populations se développe donc sans beaucoup d'interactions avec le reste de la biologie, essentiellement du fait des travaux de trois pionniers : Ronald F. Fisher (1890-1962), Sewall Wright (1889-1988) et J. B. S Haldane (1892-1964).

C'est à partir de la fin des années 1930 seulement que génétique des populations et biologie commencent à se rencontrer, à la faveur d'un certain nombre de livres vus comme fondateurs de la Théorie synthétique de l'évolution. Les trois plus significatifs sont ceux du généticien d'origine ukrainienne Theodosius Dobzhansky (1900-1975), *Genetics and the Origin of Species* (1937), du zoologiste d'origine allemande Ernst Mayr (1904-2005), *Systematics and the Origin of Species* (1942), et du paléontologue américain George G. Simpson (1902-1984), *Tempo and Mode in Evolution* (1944). Les multiples travaux rassemblés dans ces livres montrent que la *synthèse* entre l'hypothèse de Mendel (l'hérédité est portée par des facteurs indépendants, les gènes) et l'hypothèse de Darwin (la sélection naturelle) rend compte de la totalité des faits connus, que ce soit à l'échelle de la microévolution (dans le temps court, au sein d'une même espèce) ou à l'échelle de la macroévolution (dans le temps long, à l'échelle des fossiles). Autrement dit, il n'est pas besoin de faire appel à d'hypothétiques « forces » pour comprendre ce que nous montrent l'anatomie des organismes, leur biogéographie, leur systématique ou bien encore la paléontologie. Tout cela prend sens à la lumière du tri qu'opère la sélection naturelle au sein des populations d'allèles.

Cette Théorie synthétique, qui redonne toute sa légitimité scientifique au principe de sélection naturelle, est donc à peine achevée (dans sa première version), au moment où Canguilhem s'attaque aux textes clefs de *La connaissance de la vie*, notamment ceux du triptyque majeur de 1946-1947 (« Aspects du vitalisme », « Machine et organisme », « Le vivant et son milieu »). On ne sera donc pas surpris que cette dimension de la biologie soit quasiment absente du recueil, et ce d'autant plus que la Théorie synthétique de l'évolution devait peiner, plusieurs décennies durant, à s'imposer en France. Ce qui est étonnant, tout au contraire, c'est de constater que certains aspects de cette théorie, comme nous l'avons vu dans la partie précédente, sont mobilisés de manière fort à propos quand il s'agit, dans le texte « Le normal et le pathologique », d'arrimer une nouvelle conception du pathologique non pas seulement à la médecine mais, plus fondamentalement, à la théorie (darwinienne donc) de l'évolution[1]. Cela participe à l'originalité de Canguilhem,

1. Ce point crucial sera repris de manière plus approfondie dans la section suivante, *La nécessité de Darwin*.

de deux manières. Originalité en regard de la philosophie : peu de philosophes, à cette époque, ont pris en compte les enseignements de la génétique des populations. Originalité en regard du contexte français : peu de biologistes français, à ce moment, prenaient au sérieux cette nouvelle Théorie synthétique de l'évolution.

Quant à la biologie moléculaire, son essor a débuté au printemps 1953, lorsque James Watson (1928-) et Francis Crick (1916-2004) publient leur modèle iconique de la structure en double hélice de l'ADN. Dans ces conditions, *La connaissance de la vie*, livre paru seulement quelques mois plus tôt, aurait pu être un projet mort-né puisque, bien entendu, Canguilhem s'exprime depuis une époque obligatoirement pré-moléculaire de la biologie. Est-ce que la nouvelle compréhension moléculaire de la vie ne venait pas rendre caduque l'intention même de préserver coûte que coûte l'originalité du vital face à la menace d'une biologie mécaniste ? C'est là un jugement que l'on trouve régulièrement dans la littérature, notamment à propos du *Normal et du pathologique*, dont les thèses auraient été rendues très rapidement obsolètes par le surgissement de cette nouvelle biologie. Ce point sera examiné dans la dernière section de ce chapitre, car Canguilhem, dans les années 1960, s'est lui-même exprimé à propos de ce qu'il concevait alors comme une « nouvelle connaissance de la vie ». Avant cela, pour bien comprendre en quoi la biologie moléculaire a pu représenter une menace ou, au contraire, a pu être l'occasion d'un renouveau pour la philosophie biologique canguilhémienne, il est nécessaire d'en retracer rapidement l'avènement.

La nature de la matière constituant les êtres vivants a longtemps été un problème pour les biologistes. La vie n'était-elle pas directement la conséquence des propriétés de cette matière ? Si c'était la matière elle-même qui était vivante, cela revenait à une position vitaliste, scientifiquement de plus en plus difficile à tenir. Mais si la matière des cellules n'avait rien de particulier (on y trouvait des atomes de carbone, d'oxygène, d'hydrogène, d'azote, de soufre, etc.), alors comment rendre compte des propriétés si remarquables des cellules ? À compter des années 1940, une solution commença à émerger : les propriétés de cette matière sont la conséquence de son organisation. En cela la biologie moléculaire naissante ne faisait que reconduire l'idée qui, depuis Lamarck au moins, avait été à la base de l'essor de la biologie. Ce qui fait le propre d'un corps vivant vis-à-vis d'un corps brut, c'est son organisation interne, c'est-à-dire l'existence de dispositifs spéciaux rendant possible la réalisation de fonctions concourant au maintien de l'activité vitale.

Ce qui change avec la biologie moléculaire, c'est que l'on prête un tel agencement, une telle organisation, à des éléments extrêmement petits, les macromolécules. Le concept même de macromolécule était encore un non-sens scientifique quelques années plus tôt. En effet, à ces échelles nanométriques (10^{-9} m), on pensait que des molécules de grande taille étaient physiquement impossibles, les atomes étant dans un flux perpétuel entre les divers composants cellulaires. Or, ce que montre la cristallisation de certains virus, ce que montre le marquage radioactif des acides-aminés (les constituants des protéines), c'est au contraire qu'il semble bien exister des molécules à la fois très grandes et très stables, au premier rang desquelles les protéines. On en vient ainsi à concevoir que c'est l'organisation de ces macromolécules qui doit être la clef pour expliquer les propriétés de la cellule.

La découverte de la structure en double hélice de l'ADN, en 1953, vient prendre place dans ce contexte. Non seulement les protéines sont stables et montrent une organisation, mais il en est de même pour une autre catégorie de macromolécules, les acides nucléiques, comme l'ADN (Acide Désoxyribo Nucléique), massivement présent dans le noyau des cellules. Le modèle de Crick et Watson a consisté dans l'élucidation de cette organisation. Un brin d'ADN est un enchaînement linéaire et ordonné de molécules plus petites, les nucléotides, dont il existe quatre formes différentes : A, T, G et C, les quatre « lettres », désormais bien connues, qui constituent l'« alphabet » de l'« information génétique ».

La séquence des nucléotides de l'ADN, l'ordre de succession des A, T, G et C, forme donc un « message », localisé dans le noyau des cellules. Tant qu'il demeure dans le noyau, ce message est inerte. Pour devenir biologiquement actif, il faut qu'il s'exprime. L'expression de l'information génétique consiste dans la synthèse de la protéine correspondant à un gène particulier. Pour ce faire, la séquence des nucléotides est d'abord « transcrite », recopiée, sous la forme d'une séquence presque identique portée par un autre acide nucléique, l'ARN. Contrairement à l'ADN, de très grande taille, une molécule d'ARN « messager » peut sortir du noyau et gagner le cytoplasme. Là, cette séquence de nucléotides va être « traduite » en séquence d'acides aminés : chaque ensemble de trois nucléotides va « coder » un acide aminé. L'ordre d'enchaînement des acides aminés (protéine) reproduit à l'identique celui des nucléotides (gène). Comme cet ordre commande la structure tridimensionnelle de la protéine qui elle-même détermine sa fonction, les propriétés des protéines (et donc des cellules) sont ainsi étroitement spécifiées par l'information génétique de l'ADN.

De ce bref exposé des aspects les plus centraux de la nouvelle biologie moléculaire, dont la phase de constitution s'étend de 1953 à 1961 environ, il faut retenir deux choses en priorité. La première est que cette biologie conçoit authentiquement les macromolécules comme des machines. Les protéines sont effectivement des nano-machines, capables de transférer des ions de part et d'autre de la membrane plasmique, d'ouvrir la double hélice d'ADN pour permettre la réplication de l'information génétique, ou bien encore, dotées de sites actifs, de rendre possible une réaction chimique entre différents composés. En ce sens, la biologie moléculaire est foncièrement cartésienne : la thèse de l'animal-machine trouve à l'échelle nanométrique une nouvelle preuve de sa fécondité. La seconde est que cette biologie inaugure un nouveau registre d'explication, qui se signale par son champ lexical, celui du langage. Il est dorénavant question de « code », de « message », d'« information », de « traduction » ou encore d'« expression », autant de termes qui n'avaient aucune place dans le discours biologique au début des années 1940 encore.

Or, ces deux aspects saillants de la nouvelle biologie moléculaire concernent très directement l'ambition de *La connaissance de la vie*. Le premier car, de manière évidente, il met à mal la posture anti-mécaniste de la philosophie biologique canguilhémienne. La biologie moléculaire, en ce sens, ne signait-elle pas la défaite de son vitalisme philosophique, son refus de voir le vital réduit au physico-chimique ? Le second car, de manière peut-être plus étonnante, cette conception qu'on pourrait dire langagière de la vie a aussi pu renouveler la question même de la connaissance de la vie. En effet, si la vie est intrinsèquement un langage, cela ne peut pas être sans effet sur ce que doit être la connaissance de la vie. C'est là en tout cas la leçon que Canguilhem voudra tirer de l'essor de la biologie moléculaire quand, au mitan des années 1960, il souhaitera s'atteler à une « nouvelle connaissance la vie ».

Aussi bien, les deux grandes révolutions biologiques du XXe siècle, celle de la Théorie synthétique de l'évolution puis celle de la biologie moléculaire vont bel et bien rencontrer son projet philosophique, mais de façons différentes. Dans les deux sections suivantes, nous nous attachons à éclairer ces façons.

La nécessité de la sélection naturelle

Nous l'avons vu dans le troisième chapitre du présent livre, de manière aussi inattendue qu'originale, Canguilhem fonde sa réflexion sur le normal et le pathologique sur la théorie darwinienne de l'évolution et, plus spécifiquement, sur le jeu du principe de sélection naturelle. En dernière instance, c'est la sélection naturelle, le tri effectué par le milieu, qui juge si une anomalie (un écart statistique) est une anormalité (elle sera alors éliminée, contre-sélectionnée) ou si elle constitue une forme nouvelle riche de potentialités (elle sera alors retenue, sélectionnée positivement). En d'autres termes, il n'y a pas de formes intrinsèquement pathologiques. Ce qui ne signifie pas que la pathologique ne puisse être objectivé, mais il ne peut être objectivé que dans le cadre de la relation entre l'organisme et le milieu, et non pas comme écart quantitatif à la moyenne. La théorie darwinienne de l'évolution permet ainsi à Canguilhem de naturaliser sa conception philosophique du pathologique, de l'ancrer dans un sol plus solide que celui d'une subjectivité individuelle (celle du patient ayant conscience de son état).

On le constate, le rôle dévolu à la sélection naturelle est considérable. Cet aspect de la philosophie biologique canguilhémienne est tout à fait remarquable. Il distingue par exemple très nettement sa conception de celle, assez proche sur d'autres points, du neurologiste et psychiatre allemand Kurt Goldstein qui était, elle, strictement cantonnée au registre médical[1]. Si son livre *La structure de l'organisme* (1934) fait lui aussi la part belle à l'idée d'un organisme entendu comme totalité, cette conception est nourrie par l'étude de nombreux cas cliniques de lésions cérébrales (conséquences de la Première guerre mondiale) et n'entretient aucune relation avec la théorie de l'évolution.

Chez Canguilhem au contraire, le pathologique ne peut faire l'économie d'un rapport à la théorie de l'évolution. Au point qu'il en vient, après son départ à la retraite, à reformuler le principe de sélection naturelle à l'aune de cette revendication. Dans « La question de la normalité dans l'histoire de la pensée biologique », texte inclus dans le recueil *Idéologie et rationalité dans l'histoire des sciences de la vie*, il indique de manière très explicite : « La théorie de la sélection naturelle revient en somme à justifier *a posteriori* certaines déviances comme avantages précaires de survie dans des situations écologiques nouvelles »[2]. Bien loin d'abolir le recours à la normalité,

1. J. Gayon, « Le concept d'individualité ... », dans J. Gayon, M. Bitbol (dir.), *L'Épistémologie française*, *op. cit.*

2. G. Canguilhem, « La question de la normalité dans l'histoire de la pensée biologique », dans *Idéologie et rationalité dans l'histoire des sciences de la vie*, Paris, Vrin, 1977 (2000), p. 121-139, p. 131.

nous dit Canguilhem, le geste de Darwin aura « introduit en biologie un critère de normalité fondé sur le rapport du vivant à la vie et à la mort »[1]. Dans un texte qui doit être lu comme un lointain post-scriptum de la thèse de médecine, Canguilhem explique, à plus de trente ans de distance, comment il s'y est pris pour réélaborer le concept de normalité :

> Selon l'esprit du darwinisme, la norme n'est plus une consigne figée, elle est une capacité transitive. La normalité des vivants c'est la qualité de la relation au milieu qui permet à ces vivants de permettre, à leur tour, par les variations individuelles de leurs descendants, de nouvelles formes de relation à un nouveau milieu, et ainsi à la suite. La normalité du vivant ne réside pas en lui, elle passe par lui, elle exprime, en un lieu et en un moment donnés, le rapport de la vie universelle à la mort[2].

On ne saurait être plus clair. Mais alors, si tel est bien le cas comment expliquer ce recours à Darwin ? Comment rendre compte du fait que dès 1943 Canguilhem mobilise les premiers résultats expérimentaux produits en génétique des populations, ceux obtenus par Teissier et L'Héritier sur des drosophiles aptères[3]. Ce point est d'autant plus étonnant que ni sa formation de philosophe ni même sa formation de médecin ne le prédisposaient à une telle orientation darwinienne. Il l'est plus encore quand on sait avec quelle force et quelle constance la biologie française a refusé la sélection naturelle, dès les années 1860 (ce qui était courant) jusqu'aux années 1970 (ce qui l'était beaucoup moins !). Au moment où Canguilhem

1. *Ibid.*, p. 132.
2. *Ibid.*, p. 132.
3. Voir le chapitre 3, p. 107 *sq.*

publie son *Essai sur le normal et le pathologique* puis *La connaissance de la vie*, les noms les plus autorisés de la biologie française, comme le zoologiste Pierre-Paul Grassé (1895-1985), continuent de nier l'effectivité de la sélection naturelle.

Dans ce paysage académique si unanimement anti-darwinien, on compte sur les doigts d'une main les biologistes ayant une authentique compréhension du jeu de la sélection naturelle. Parmi ceux-ci figurent bien entendu Georges Teissier et Philippe L'Héritier, qui, avant la Seconde guerre mondiale, étaient les seuls en France à pratiquer la génétique des populations. Dans une étude très riche, Pierre-Olivier Méthot s'est attelé au « problème de l'évolution » chez Canguilhem. Il a notamment suggéré que ce dernier aurait pu bénéficier d'un heureux concours de circonstances. À l'université de Strasbourg, repliée à Clermont-Ferrand durant la guerre, Canguilhem aurait pu sinon rencontrer directement, du moins avoir connaissance des travaux réalisés par Philippe L'Héritier et Raymond Hovasse, deux darwiniens bien conscients du fait que la sélection naturelle est un processus créateur gouvernant les trajectoires évolutives. Les deux étaient en effet en poste à l'université de Strasbourg durant ces années troubles. De ce point de vue, le contexte strasbourgeois, si particulier là encore, aurait été « un terreau favorable à la pensée darwinienne »[1]. La chose est effectivement tout à fait possible, même si malheureusement aucune archive actuellement connue ne permet d'en documenter la réalité.

1. P.-O. Méthot, « Georges Canguilhem et le « problème de l'évolution » dans *Le Normal et le pathologique* », *Revue d'histoire des sciences* 71, 2, 2018, p. 205-241, p. 223.

Dans l'*Essai sur le normal et le pathologique*, on trouve des références à quelques textes de semi-vulgarisation de Teissier, L'Héritier et Hovasse, textes qui ont certainement largement contribué à l'information biologique de l'auteur. On peut également penser que, dès 1929-1930, au moment où il prépare un cours sur le « transformisme » dans le cadre de son enseignement de philosophie en classes préparatoires, Canguilhem a lu et médité *L'Origine des espèces*. On peut ainsi, certes de manière schématique, remonter la piste des sources, sérier les lectures. Pour autant, il faut y insister, il n'est pas moins remarquable que, sur la base de matériaux finalement assez épars, sans connaissance directe, à ce moment-là, des tenants et des aboutissants de la nouvelle Théorie synthétique de l'évolution, Canguilhem soit parvenu à une compréhension non triviale du principe de sélection naturelle, largement supérieure à celle de la plupart des biologistes français qui étaient ses contemporains. Ce n'est peut-être nulle part ailleurs que dans son attention aux concepts, dont on sait qu'elle sera ensuite au fondement de son épistémologie historique, qu'il faut chercher la cause de cette intelligence du darwinisme, si déconcertante, mais si nécessaire à son projet philosophique.

L'ESSOR DE LA BIOLOGIE MOLÉCULAIRE : VERS UNE NOUVELLE CONNAISSANCE DE LA VIE ?

Le cas du rapport entre la philosophie canguilhémienne et la biologie moléculaire des années 1950-1960 est probablement le plus difficile. D'une part car cette révolution biologique est postérieure à l'édification de sa philosophie, ce qui l'a contraint à reprendre, tout au long des années 1960, les deux questions, intimement liées, qu'il avait souhaité poser dès les années 1940 : celle de la vitalité de la vie (on ne peut analyser la vie sans la détruire ou la nier) et celle de la possibilité d'une connaissance de la vie (connaître, c'est analyser). D'autre part car, non content d'y revenir, il s'avère que, pour certains aspects de cette réflexion au moins, Canguilhem a pu discrètement changer d'avis entre la fin des années 1960 et le début des années 1970. Il y a donc ici plusieurs nœuds à démêler, et les paragraphes qui suivent ont comme seule ambition de proposer une première clarification de ce rapport. Ils doivent permettre, avec le recul, de mieux apprécier ce que Canguilhem proposait dans *La connaissance de la vie*.

Deux aspects en particulier de cette nouvelle biologie moléculaire pouvaient intéresser au plus haut point sa philosophie biologique : son orientation résolument mécaniste (la cellule comme machine dont les rouages essentiels sont les protéines) et le champ lexical des explications produites, incontestablement tourné vers le langage comme en attestent les termes de « code génétique » ou d'« information génétique ».

Quant au premier point, on aurait pu penser qu'une philosophie posant en principe la nécessité de ne pas réduire l'organisme à un automate, l'animal à une machine, comme cela est clairement exposé dans *La connaissance de la vie*, aurait pu se sentir gravement menacée par l'essor fulgurant de la biologie moléculaire. Au cours des années 1960, tout concourt à comprendre la cellule comme une machine au sens le plus cartésien du terme. Par exemple, dans son livre *Le hasard et la nécessité*, que Canguilhem a lu avec attention (mais pas nécessairement avec intérêt), Jacques Monod n'hésite pas à déclarer :

> Le système tout entier, par conséquent, est totalement, intensément conservateur, fermé sur soi-même, et absolument incapable de recevoir quelque enseignement que ce soit du monde extérieur. Comme on le voit, ce système, par ses propriétés, par son fonctionnement d'horlogerie microscopique qui établit entre ADN et protéine, comme aussi entre organisme et milieu, des relations à sens unique, défie toute description « dialectique ». Il est foncièrement cartésien et non hégélien : la cellule est bien une *machine*[1].

On pourrait difficilement imaginer assertion plus anti-canguilhémienne, quand bien même ça n'était pas là l'intention de Monod. Pourtant, dans les quelques textes où Canguilhem revient sur la question de la biologie moléculaire, pas si nombreux au demeurant, ça n'est pas le défi du réductionnisme moléculaire qui est en jeu. Il n'est quasiment jamais question de l'ontologie mécaniste de cette biologie, ni du fait qu'elle constitue à l'évidence une menace pour certaines thèses centrales du *Normal et du pathologique* et de *La connaissance de la vie*. Ce qu'on lit chez Canguilhem, pour les textes de la période 1965-1970, c'est bien plutôt un authentique enthousiasme, que l'on peut donc qualifier de paradoxal.

Dans son recueil *Études d'histoire et de philosophie des sciences concernant les vivants et la vie* (1968), une des sections est intitulée à dessein « La nouvelle connaissance de la vie » et contient un unique texte, celui d'une double conférence donnée en février 1966 et dont le titre est « Le concept et la vie ». C'est dans ce long texte, toujours difficile à lire aujourd'hui, que Canguilhem s'explique le plus nettement quant à son enthousiasme. Comme le titre

1. J. Monod, *Le hasard et la nécessité*, Paris, Seuil, 1970, p. 145.

l'indique, ce qui l'intéresse au plus haut point, ça n'est pas l'orientation mécaniste de la biologie moléculaire, mais le fait que cette nouvelle science de la vie loge dans la vie elle-même une forme de langage, un *logos* au sens d'Aristote. À cette occasion, il indique que la portée de la biologie moléculaire se situe de ce côté-là : elle invaliderait Bergson tout en réhabilitant Aristote.

Que faut-il entendre par là ? Pour Bergson, nous l'avons vu, la vie et la science sont deux mouvements opposés : la vie s'incarne dans la durée alors que la science opère dans l'espace. Par conséquent, les concepts scientifiques, ceux formés par la physique, ne peuvent pas tout dire de la vie, ils manquent même l'essentiel. Pour saisir la vitalité de la vie, il faut, selon Bergson, avoir recours à une autre faculté que l'intelligence : l'intuition. Or, selon Canguilhem, en tout cas le Canguilhem de cette période, la biologie moléculaire apporte un démenti définitif à Bergson. Étant donné que la vie est « information », « transmission » et « expression » d'un « message », il n'y a plus d'opposition, ni même de tension, entre la connaissance et la vie. La vie est connaissable car la vie *est* concept. Aussi curieux que cela puisse nous sembler aujourd'hui, c'est là la leçon fondamentale que Canguilhem tire de l'essor de la biologie moléculaire. Il s'en explique très directement dans les derniers paragraphes de son texte sur « Le concept et la vie » :

> Et désormais [à l'époque de la biologie moléculaire] la connaissance de la vie ne ressemble plus à un portrait de la vie, ce qu'elle pouvait être lorsque la connaissance de la vie était description et classification des espèces [au XVIIIe siècle]. Elle ne ressemble pas à l'architecture ou à la mécanique, ce qu'elle était lorsqu'elle était simplement anatomie et physiologie macroscopique [au XIXe siècle].

> Mais elle ressemble à la grammaire, à la sémantique et à la syntaxe. Pour comprendre la vie, il faut entreprendre, avant de la lire, de décrypter le message de la vie[1].

Si fondamentalement la vie est un message (génétique), le *logos* aristotélicien, alors cela valide définitivement la possibilité de connaître la vie. La nouvelle connaissance de la vie n'est ni plus ni moins que l'entreprise de déchiffrement du « code génétique », avec toute l'ambiguïté attachée à ce terme à l'époque, qui désigne tantôt le code génétique au sens strict (le système abstrait de correspondance entre les triplets de nucléotides de l'ADN et les acides aminés des protéines), tantôt l'information génétique (la séquence des nucléotides portés par l'ADN).

Canguilhem a pris au pied de la lettre les termes informationnels de la biologie moléculaire. Suivant en cela les excès de certains biologistes de l'époque, il leur a conféré un sens ontologique, alors que leur usage s'avèrera finalement être du côté de la métaphore. Ayant pris conscience que l'identification de la vie et du langage, et donc de la vie et du concept, n'était plus tenable scientifiquement, il va discrètement faire machine arrière à compter du début des années 1970. Ainsi, dans l'article « Vie » qu'il rédige en 1973 pour l'*Encyclopaedia Universalis*, le problème a retrouvé sa position initiale, et la perspective d'une nouvelle connaissance de la vie a simplement disparu. Cette perspective aura donc été un moment aussi inattendu que fugace dans l'itinéraire intellectuel de Canguilhem. Mais pour temporaire qu'il

1. G. Canguilhem, « Le concept et la vie », dans *Études d'histoire et de philosophie des sciences concernant les vivants et la vie*, Paris, Vrin, 1968 (2002), p. 335-364, p. 362.

fût, il nous aide à mieux cerner la nature de sa philosophie biologique.

Comme nous l'avons vu tout au long de ce livre, et nous allons y revenir dans le dernier chapitre, celle-ci articule deux composantes principales. L'une touche à ce qu'est la vie, à sa vitalité propre, à son originalité, que peinerait à rendre une science exclusivement mécaniste. L'autre concerne son caractère connaissable étant donné les limites d'une telle science. Il y a donc, depuis le début des années 1940, quelque chose comme une tension fondatrice entre d'un côté l'exigence de respecter l'originalité du vital et de l'autre les canons de la science moderne. C'est cette tension qui fait dire à Canguilhem, dans « La pensée et le vivant » que « l'intelligence ne peut s'appliquer à la vie qu'en reconnaissant l'originalité de la vie » et que, par conséquent, « la pensée du vivant doit tenir du vivant l'idée du vivant »[1]. Or ce que la biologie moléculaire lui semblait promettre, c'était ni plus ni moins que la résolution de cette tension. Si la vie est concept, il en résulte nécessairement que la vie est conceptuellement connaissable. Une nouvelle connaissance de la vie était alors bien envisageable. Malheureusement, l'identification de la vie et du concept étant infondée, ce projet devait être sans lendemain.

1. LCV, p. 16.

CHAPITRE 6

ESQUISSE D'UNE PHILOSOPHIE BIOLOGIQUE

Arrivés au terme de notre étude, nous voilà mieux armés pour ressaisir l'essentiel, ce qu'a tenté d'être la philosophie biologique projetée par Canguilhem et dont *La connaissance de la vie* offre l'incarnation la plus aboutie. On l'aura compris, cette philosophie ne se laisse pas comprendre aisément. À sa complexité intrinsèque s'ajoutent le style si difficile de l'auteur ainsi que sa dispersion au gré de publications de natures fort diverses. L'ambition de ce chapitre conclusif est d'en offrir une forme de synthèse, faisant ressortir les préoccupations qui la motivent, les thèses qui la constituent ainsi que leur éventuelle articulation. La chose est d'autant plus ardue que Canguilhem, à l'instar de Bachelard et Foucault, ne fut jamais un philosophe à visée systématique, un architecte souhaitant construire une nouvelle cathédrale de la pensée. C'est en maquisard qu'il procède, depuis des matières hétérogènes, et notamment, surtout à compter de 1955, depuis l'histoire des sciences.

Il faut donc ici s'attacher à un travail de reconstruction. Une fois le contenu de *La connaissance de la vie* patiemment analysé (partie 1), une fois le texte éclairé par ses contextes (chapitres 4 et 5), il est possible de forcer cette philosophie à se révéler davantage. C'est à cette tâche qu'est dévolu le présent chapitre. Encore faut-il s'entendre sur le fait que cette révélation – au sens de la chimie – ne sera que sommaire et malgré tout introductive. Il y a encore beaucoup à faire pour mieux saisir les tenants et les aboutissants de l'intention philosophique portée par Canguilhem depuis l'orée des années 1940 jusqu'à ses derniers textes. Par conséquent, les paragraphes qui suivent doivent aussi se lire comme une invitation à poursuivre cette exploration.

Un genre en déshérence

Nous l'avons déjà souligné, Canguilhem lui-même utilise à quelques endroits le vocable « philosophie biologique », parfois pour désigner l'œuvre des autres (comme celle d'Auguste Comte), mais souvent aussi pour qualifier son propre sillon. C'est dans un texte contemporain des études rassemblées dans *La connaissance de la vie* qu'il s'en explique le mieux. Celui-ci, paru en 1947 dans la *Revue de métaphysique et de morale*, est intitulé « Note sur la situation faite en France à la philosophie biologique ». Comme son titre le sous-entend, cette situation n'est alors pas glorieuse. Canguilhem en veut pour preuve la quasi-absence de ce genre philosophique au sein de cette prestigieuse revue. Si le rationalisme critique et la philosophie des sciences mathématiques se taillent la part du lion, il ne peut que constater la déshérence de la philosophie biologique, qui se résume pour l'essentiel aux seuls travaux, déjà anciens à ce moment, de Bergson. C'est bien pour remédier à cet état de fait que son propre projet était alors en gestation. En creux, Canguilhem désigne le lieu qu'il entend bientôt investir.

Pourquoi une telle « situation » ? La faute en incombe à Descartes, depuis une décennie déjà au centre de ses préoccupations. C'est Descartes qui aurait dissous l'intérêt proprement philosophique de la vie dans le rationalisme mécaniste des sciences de la matière :

> À cause de Descartes, plus exactement que depuis Descartes, la philosophie biologique est chez nous un genre de spéculation assez suspect. La vie, dans le système cartésien, ne se voit accorder aucune originalité ontologique. Comprise par la raison et comprise dans la matière, elle ne pose aucun problème théorique spécial, à plus forte raison n'enferme-t-elle aucun mystère[1].

De là ce matérialisme outrancier que nous avons brièvement présenté dans le chapitre précédent. Si la vie n'est pas un problème métaphysique pour le philosophe, c'est parce qu'elle n'est plus qu'un problème de physique pour le biologiste. Pourtant, il y a bien un mystère dans la vie, un mystère pour la science. Non pas un mystère absolu, comme chez Bergson, où l'intelligence (mécanique) ne pourra jamais rendre compte de la spontanéité créatrice de l'élan vital. Mais un mystère quand même, un je-ne-sais-quoi qui résiste à la rationalité physico-mathématique. En d'autres termes, au lieu d'être niée dans un physicalisme satisfait de lui-même, la vie doit retrouver son statut de défi à la raison. Cette injonction, Canguilhem l'exprime à l'aide d'une comparaison :

> Il est pourtant incontestable que la vie est un objet de pensée peu rassurant pour la raison. Raison, c'est lucidité et certitude. Au regard de la raison, la vie est trouble,

1. G. Canguilhem, « Note sur la situation faite en France à la philosophie biologique », dans *Œuvres complètes, Tome IV*, *op. cit.*, p. 307-320, p. 311.

> au cordeau de la raison, la vie est fuyante. La raison est régulière comme un comptable ; la vie, anarchique comme un artiste[1].

La première tâche de la philosophie biologique est donc de restaurer la vie comme problème. C'est parce que ce problème est devenu invisible que la philosophie biologique était sur le point de disparaître. C'est bien à la démonstration de son existence et de sa pertinence que Canguilhem s'est prioritairement astreint dans *La connaissance de la vie.*

PHILOSOPHIE BIOLOGIQUE ET PHILOSOPHIE DE LA BIOLOGIE

Pour mieux cerner les contours de cette philosophie, il est éclairant de la comparer à ce qu'elle n'est pas. En l'espèce, le genre plus récent de la « philosophie de la biologie » offre un contrepoint très instructif. Le vocable « philosophy of biology », forgé dans son sens actuel à la fin des années 1960 dans le contexte anglo-saxon, désigne en effet tout autre chose que la philosophie biologique à la manière de Canguilhem. Dans les années 1980, cette forme de philosophie des sciences a connu une montée en puissance spectaculaire dans le monde académique, sanctionnée notamment par la création d'une revue scientifique spécifiquement dédiée : *Biology and Philosophy.*

De quoi s'agit-il ? En première approximation, la philosophie de la biologie peut être vue comme une émanation de la tradition analytique en philosophie des

1. G. Canguilhem, « Note sur la situation faite en France à la philosophie biologique », *op. cit.*, p. 313.

sciences, c'est-à-dire une philosophie dont l'objectif est très nettement la clarification des énoncés biologiques, et en particulier des énoncés les plus fondamentaux de la biologie[1]. À ce titre, il faut souligner que la philosophie de la biologie s'est constituée à l'occasion d'un problème *théorique* : celui des entités soumises à la sélection naturelle. Dans les années 1960 et 1970, cette question a régulièrement donné lieu à des controverses au sein de la théorie darwinienne de l'évolution. Il s'agissait de savoir si la sélection naturelle, traditionnellement comprise comme un tri entre les organismes au sein d'une population, pouvait s'appliquer avec rigueur à d'autres niveaux hiérarchiques, comme celui des gènes, des espèces ou même des écosystèmes. On le constate, c'est là une question particulièrement spéculative, en cela assez inhabituelle au sein d'une science aussi foncièrement empirique que la biologie. C'est bien pour cette raison qu'elle passionna certains philosophes.

Au cours des années 1970 et 1980, de nombreux travaux de langue anglaise sont ainsi consacrés aux questions connexes des niveaux de sélection, de la définition minimale d'un individu darwinien, de l'ontologie de la sélection naturelle (est-ce une force à l'instar des forces physiques ?), etc. Le dynamisme des débats conduisit rapidement ce mode d'enquête à s'étendre au-delà de son terrain initial. D'autres concepts biologiques fondamentaux sont alors travaillés au prisme de la clarification philosophique, comme celui de gène ou d'espèce. On tente de savoir, par exemple, dans quelle mesure le concept mendélien de gène

1. On aura un bon aperçu de ce qu'est la philosophie de la biologie en consultant une anthologie récemment parue en français : J. Gayon, T. Pradeu (textes réunis par), *Philosophie de la biologie*, Paris, Vrin, 2 volumes, 2021.

est réductible au concept moléculaire, ou bien encore si les espèces peuvent être pensées comme des individus, et, si oui, dans quel sens.

Il existe au moins deux différences fondamentales entre la philosophie de la biologie d'orientation analytique et d'expression anglo-saxonne et la philosophie biologique au sens de Canguilhem. La première tient au rapport à l'histoire. Nous l'avons vu, même si le tournant vers l'histoire des sciences est postérieur à la composition des écrits rassemblés dans *La connaissance de la vie*, Canguilhem s'autorise très régulièrement à faire usage de l'histoire des sciences dans ses démonstrations philosophiques, comme cela apparaît clairement dans « L'expérimentation en biologie animale » ou « Le vivant et son milieu », sans même mentionner « La théorie cellulaire ». Tel était déjà le cas en 1943, dans la thèse de médecine, où de nombreux passages sont consacrés à Claude Bernard et Auguste Comte notamment. Or, un tel recours à l'histoire, pour des raisons méthodologiques et aussi afin de bien circonscrire son champ académique propre, a été d'emblée banni par la philosophie de la biologie. La clarification y est exclusivement philosophique et prend en compte uniquement la littérature actuelle en biologie.

La seconde différence est la plus significative pour ce qui concerne l'objectif poursuivi dans ce dernier chapitre. Elle se remarque à la nature des concepts qui sont les objets de l'investigation philosophique. Du côté de la philosophie de la biologie, ces concepts, ce sont ceux de sélection naturelle, de gène, ou d'espèce, c'est-à-dire des concepts réellement opératoires en biologie. Ce sont bien des outils que le biologiste lui-même manipule dans le quotidien de son activité. Du côté de la philosophie biologique, ça n'est pas la même chose. Ce qui intéresse Canguilhem, ce sont plutôt les concepts de vie, d'organisme ou de milieu, des concepts que l'on pourrait dire « méta-biologiques » dans le sens où ils se situent en dehors du périmètre standard de l'activité scientifique. Tel était déjà le cas en 1943 : ni le concept de normal ni celui de pathologique ne sont interrogés en tant que tel par la pratique médicale.

Ceci a directement à voir avec la question de la visée du travail philosophique. Pour ce qui est de la philosophie de la biologie, l'ambition est très explicitement scientifique. Au bout du compte, la clarification produite doit servir la biologie elle-même. Ce sont des problèmes biologiques qui animent cette recherche, envisagés simplement à un plus haut niveau d'abstraction que ne le ferait un scientifique en temps normal. Alors que pour ce qui concerne la philosophie biologique, l'intention n'est pas prioritairement scientifique mais bel et bien philosophique. Canguilhem l'annonce on ne peut plus clairement dès les premières lignes de son étude « Aspects du vitalisme » :

> Il est bien difficile au philosophe de s'exercer à la philosophie biologique sans risquer de compromettre les biologistes qu'il utilise ou qu'il cite. Une biologie utilisée par un philosophe n'est-ce pas déjà une biologie philosophique, donc fantaisiste ? Mais serait-il possible, sans la rendre suspecte, de demander à la biologie l'occasion, sinon la permission, de repenser ou de rectifier des concepts philosophiques fondamentaux, tels que celui de vie ?[1]

Si la philosophie de la biologie cherche à clarifier des concepts biologiques afin de participer au travail scientifique, la philosophie biologique promeut donc

1. LCV, p. 105.

une autre ambition, celle « de rectifier des concepts philosophiques fondamentaux ». Dans quel sens, alors, peuvent-ils être qualifiés de « fondamentaux » ? Et pourquoi ce sont ces concepts qui sont jugés intéressants ? Très certainement parce que ce sont eux qui opèrent le lien entre la science et la vie. Ce sont ces concepts (vie, organisme, milieu) qui, à la frontière de la connaissance biologique, sont directement impliqués, pour le meilleur et pour le pire, dans l'idée que l'on peut se faire du vivant en général, et du vivant humain en particulier. Presque systématiquement, l'enquête philosophique est, chez Canguilhem, sous-tendue par des velléités éthiques sinon politiques. C'est contre la négation du patient qu'il s'attaque à la rectification des concepts de normal et de pathologique. C'est contre la radicalité mécaniste du behaviorisme qu'il entreprend celle du concept de milieu. En ce sens, la philosophie biologique exprime un projet politique, celui d'un Résistant. Par là, c'est toujours le disciple d'Alain qui est à l'œuvre, poursuivant, dans un registre très éloigné de celui de son maître, l'inclination moraliste de celui-ci. Toute philosophie digne de ce nom est riche d'une morale, la philosophie biologique pas moins qu'une autre.

Il y a donc, à la racine de cet engagement, un refus de la soumission au « fait brut » qui s'exprime par une volonté de lier le bien et le vrai, de dénoncer le mal au moyen du faux. « Rectifier des concepts philosophiques » n'est pas seulement affaire de vérité scientifique. Il s'agit tout autant d'annihiler leur portée possiblement mortifère pour l'homme[1]. Une telle entreprise n'est toutefois pas sans risque. On pourra bien tirer d'un concept scientifiquement

1. J.-Fr. Braunstein, « À la découverte… », dans *Œuvres complètes, Tome I*, *op. cit.*

valide des extrapolations humainement inacceptables. La vérité de la génétique ne légitime pas le bien-fondé de l'eugénisme. Sur cette difficulté de sa philosophie biologique, il nous semble que Canguilhem ne s'est jamais vraiment expliqué.

Pour une critique de la raison biologique

Par comparaison avec la philosophie de la biologie, la philosophie biologique a donc une ambition plus philosophique et moins biologique. Ce qu'elle interroge, c'est moins « les opérations du connaître » que « le sens du connaître »[1]. Bien sûr, pour ce faire, Canguilhem en passe souvent par une investigation critique des dites-opérations. Mais cela ne constitue jamais l'horizon de sa démarche. Il est moins préoccupé par les outils conceptuels produits par la raison biologique (sélection naturelle, gène, espèce), que par l'architecture même de cette rationalité, celle que dessinent les concepts de vie, d'organisme ou de milieu.

En cela, comme l'a fort justement proposé Camille Limoges, son projet d'une philosophie biologique serait mieux rendu par le terme « critique de la raison biologique »[2]. C'est à ce niveau d'abstraction et de réflexivité que Canguilhem a voulu poser le débat. Et c'est bien à la suite de Kant qu'il semble vouloir situer son entreprise. Dans le chapitre 4, en nous appuyant sur les travaux de Xavier Roth, nous avons rappelé comment, par l'entremise d'Alain, Canguilhem s'insérait lui-même dans une lignée de philosophes français néo-kantiens, celle incarnée par les œuvres et surtout l'enseignement

1. LCV, p. 11.

2. C. Limoges, « Épistémologie historique… », dans *Œuvres complètes, Tome III, op. cit.*, p. 114.

de Jules Lagneau et Jules Lachelier. Or, le kantisme (qu'il soit néo ou non) est par excellence une interrogation sur les conditions et les pouvoirs de la connaissance. C'est là tout le sens de la *Critique de la raison pure*, que le philosophe de Königsberg publie en 1781. Il y examine la question des possibilités et des limites de la raison. Du kantisme relu par Lachelier et Lagneau, il nous semble que Canguilhem retienne au moins deux leçons : son orientation critique et sa conception de la science comme activité (plutôt que comme contemplation). L'entendement ne reçoit pas passivement la réalité, c'est bien une activité de nos facultés qui permet l'accès à la connaissance. La Révolution scientifique elle-même peut se lire à l'aune de cette distinction. Galilée n'est pas demeuré comme extérieur à la réalité, contemplant, à la manière d'Aristote, le retour des corps pesants vers leur lieu naturel. Il en a contraint activement le cours à l'aide de l'expérimentation. Pour Canguilhem interprétant Kant, le sujet connaissant est fondamentalement un sujet agissant.

C'est bien pour cette raison que vivre et connaître sont si étroitement solidaires. C'est ce qui explique le titre que l'auteur a choisi pour son recueil, où les termes « connaissance » et « vie » sont associés de manière volontaire ambivalente : la vie comme objet *et* sujet de la connaissance. Cette équivocité renvoie aux deux axes principaux du projet canguilhémien, celui d'une réflexion sur ce qu'est la connaissance *sur* la vie et celui d'une réflexion sur ce qu'est la connaissance *pour* la vie. Quant au premier, on pourrait le reformuler de manière plus ouvertement kantienne : que peut-on espérer connaître en ce qui concerne la vie et les vivants ? Quant au second, il revient à poser la question : pourquoi connaît-on ?

Normativité biologique et valeurs vitales

Nous l'avons souligné en bien des occasions, l'adversaire premier de cette philosophie, ce qui fait que la philosophie biologique est une activité portée disparue ou presque, c'est la conception mécaniste de la vie, si prégnante encore durant l'entre-deux-guerres. Non pas bien entendu que la physique et la chimie n'aient rien à nous apprendre sur les organismes vivants, sur leur matérialité même. Mais précisément parce qu'un organisme n'est pas un mécanisme, la connaissance de la vie ne peut en rester là.

Il faut donc à la philosophie biologique faire saillir à nouveau le problème que la vie pose à la raison, où « problème » est à entendre dans le sens de défi, de stimulant, et non pas comme obstacle insurmontable. De là le refus de considérer que le normal soit réductible au moyen ; de là la volonté de distinguer entre environnement physique et milieu biologique ; de là la thèse si subversive que le vitalisme, à condition de l'entendre comme exigence, a toute sa légitimité dans le projet d'une connaissance authentique de la vie, et ce toujours au XXe siècle.

L'ensemble de ces considérations, qui ont été étudiées pour elles-mêmes dans les chapitres précédents, trouve une unité si l'on se souvient que c'est le primat de la valeur qui a toujours commandé l'engagement philosophique de Canguilhem, et ce d'un bout à l'autre de son itinéraire intellectuel. En effet, si la vie est bien une qualité irréductible, c'est parce qu'elle est une valeur avant d'être un fait. Ce qui fait le propre de tout vivant, de l'amibe à l'homme, c'est de pouvoir discriminer entre le bon et le mauvais, d'exprimer des besoins vitaux, d'ordonner son milieu à l'aune de ceux-ci. Aussi bien les réflexions canguilhémiennes sur la spécificité du vital l'amènent finalement à déplacer le problème depuis le point de vue classique de l'ontologie (la vie comme substance) vers le point de vue plus hétérodoxe de l'axiologie (la vie comme valeur). Il ne peut faire aucun doute qu'au sein de sa philosophie biologique, ultimement, « l'ontologie doit être subordonnée à une axiologie »[1].

Cette capacité unique des vivants, dont les machines, aussi perfectionnées que l'on voudra, sont absolument dépourvues, c'est ce que dès 1943 et sa thèse de médecine, il désigne par « normativité biologique ». Le vivant, selon cette lecture, est ce qui institue sa propre norme, créant par là même une relation asymétrique avec son milieu. Être en bonne santé, caractéristique strictement vitale s'il en est, c'est être assuré de pouvoir faire rayonner ses valeurs vitales. Un vivant malade ne tolère plus d'écarts à la norme, n'étant plus normatif il a besoin que l'on adapte son milieu à sa nouvelle condition d'infirmité.

À nouveau, la normativité biologique, bien qu'étant exposée pour la première fois dans le cadre d'une thèse de médecine, n'est pas en tant que tel un concept médical ou biologique. Elle ne peut aisément être traduite en termes scientifiques opératoires : « le concept de norme est un concept original qui ne se laisse pas [...] réduire à un concept objectivement déterminable par des méthodes scientifiques »[2]. À cela rien d'étonnant puisqu'elle se situe du côté des valeurs. Or il ne pourra jamais y avoir de science des valeurs. Il faut donc voir ce concept comme l'exemple

1. J. Gayon, « Le concept d'individualité... », dans J. Gayon, M. Bitbol (dir.), *L'Épistémologie française*, *op. cit.*, p. 452.

2. N&P, p. 156.

même de ce que doit produire une philosophie biologique qui se donne comme critique de la raison biologique. La normativité biologique est moins un outil pour le biologiste qu'un garde-fou : elle signale l'originalité du vital que la connaissance scientifique aura à respecter, d'une manière ou d'une autre, cette manière appartenant en propre au biologiste et non plus au philosophe. Contrairement aux philosophes de la biologie, il n'est pas question pour Canguilhem d'aider à produire de la biologie. Ce qui lui importe, c'est que la biologie produite par les biologistes n'ait pas une fausse conscience de son objet qui aboutirait à nier son originalité. La normativité biologique est le nom que Canguilhem a souhaité donner à cette exigence philosophique, ni plus, ni moins.

La science comme fille des échecs de l'activité technique

La connaissance de la vie est donc une réflexion sur l'originalité de la vie pour la connaissance, originalité qui s'incarne et s'exprime dans le pouvoir normatif de la vie. Comme ce titre l'indique, elle est aussi une investigation quant au sens de la connaissance *pour* la vie, et en particulier pour le vivant humain. En d'autres termes, pour (faire) quoi connaît-on ? Nous l'avons vu dès la première partie de cet ouvrage, contrairement à Bergson, Canguilhem aligne la connaissance sur la vie. La connaissance, et en particulier la connaissance scientifique, est l'expression la plus aboutie de la normativité biologique. Parce que la connaissance permet le contrôle, et en particulier le contrôle des milieux, elle est un moyen grâce auquel la vie assure sa mainmise sur ceux-ci. C'est bien ce que l'auteur signifie dans un passage que nous avons déjà commenté de « La pensée et le vivant » :

> La connaissance consiste concrètement dans la recherche de la sécurité par réduction des obstacles, dans la construction de théories d'assimilation. Elle est donc une méthode générale pour la résolution directe ou indirecte des tensions entre l'homme et le milieu[1].

Mais de là il ne s'en suit pas que la science procède *immédiatement* de la vie. Si la connaissance est la forme la plus aboutie de la normativité biologique, elle est aussi la dernière, chronologiquement parlant. À l'échelle de l'histoire des sciences, c'est l'erreur qui est première et non la connaissance, comme nous l'enseigne Bachelard. Mais pas n'importe quelle erreur. Canguilhem n'est pas tant intéressé par ces « antiques images » qui sont autant d'obstacles à la connaissance que par les erreurs d'une autre activité vitale, la technique. Chez Bachelard, l'erreur est dans la structure de l'entendement humain. Chez Canguilhem, l'erreur est « l'embarras technique », c'est-à-dire qu'elle concerne beaucoup plus *Homo faber* qu'*Homo sapiens*. C'est la raison pour laquelle son rôle propulsif est majoré. C'est parce qu'il rencontre l'échec qu'*Homo faber* tend à devenir *Homo sapiens*. Selon cette conception, radicalement anti-positiviste comme nous l'avons vu, la technique enfante la science, et non l'inverse. Autrement dit, c'est l'action qui, du fait de ses errances, peut finir par conduire à la connaissance.

La science est ici comprise comme la critique rationnelle des échecs de la technique. Elle est une activité de second ordre liée à l'imperfection des projections

1. LCV, p. 12.

techniques de la normativité du vivant humain. Sans les échecs des techniques médicales traditionnelles, pas de médecine scientifique ; sans les échecs de la balistique, pas de mécanique ; sans les échecs de l'alchimie, pas de chimie. La technique est tout à la fois un moyen particulièrement puissant d'expression de la normativité biologique, mais aussi le lieu où celle-ci est contrariée, dans le sens où elle rencontre, parfois violemment, l'opposition du réel. Cette mise sous contrainte n'est pas empêchement définitif, mais stimulant de la raison. La rationalité, en interrogeant ce qui n'a pas été, pourra parvenir à produire une connaissance scientifique. Selon ce schéma, la connaissance rationnelle termine d'arpenter le chemin que la technique aventureuse a su ouvrir. Si la connaissance est bien « recherche de sécurité », cela n'est finalement possible que parce que la vie, par son exubérance anarchique, place les vivants, parmi lesquels les scientifiques, dans des situations risquées où abondent des problèmes qu'il s'agit de résoudre.

LA VIE COMME CONNAISSANCE

Il y a donc, au fondement du geste métaphysique de Canguilhem, quelque chose comme une solidarité très forte, une étroite intrication, entre une théorie de la vie (comme normativité) et une théorie de la connaissance (comme rationalisation des échecs de la technique). En cela, l'auteur se démarque assez nettement des autres grandes figures de l'épistémologie historique, au premier rang desquels Gaston Bachelard et Michel Foucault, chez qui « l'attention donnée aux opérations du connaître » ne s'est pas accompagnée, en général, d'une investigation du

« sens du connaître »[1]. Cela confère à *La connaissance de la vie* une profonde originalité. C'est ce qui fait qu'on y revient régulièrement, toujours certain de pouvoir y trouver un éclairage inédit qu'une lecture antérieure n'aura pas su déceler. Ces deux dimensions, dont la solidarité est rendue par l'ambiguïté du titre, sont dans un rapport complexe l'une envers l'autre et tendent parfois à s'interpénétrer. Chez Canguilhem, tout bien pesé, il apparaît que la théorie de la connaissance *est* une théorie de la vie, et inversement.

Si la connaissance de la vie est possible c'est que, fondamentalement, la vie est connaissance. Voilà pourquoi Canguilhem aura été comme subjugué, non pas tant par la biologie moléculaire en tant que telle (il en maîtrisait fort peu les aspects techniques), mais plus exactement par sa compréhension de la vie comme langage, celui inscrit dans la séquence des nucléotides de l'ADN. Cela lui est apparu, l'espace de quelques années (1965-1970), comme la légitimation définitive de sa thèse gnoséologique la plus forte. Si certes le mirage ne dura pas, comme nous l'avons vu dans le chapitre précédent, il aide à révéler le noyau le plus profond de cette philosophie biologique. Cet épisode montre aussi, s'il en était besoin, que toujours à ce moment, alors que sa carrière académique touche à sa fin, Canguilhem continuait inlassablement la quête d'une vie, celle d'une connaissance de la vie.

1. LCV, p. 11.

En guise de conclusion

Dans un livre récent, paru peu de temps avant son décès, Jean Gayon indiquait que « Canguilhem n'était pas vraiment un historien des sciences » et que « c'est le talent philosophique avec lequel il a examiné l'histoire des sciences qui a fait son rayonnement »[1]. On ne peut que souscrire à ce jugement. Même lorsqu'il eut à pratiquer l'histoire des sciences, à partir de sa nomination à la Sorbonne en 1955, ce qui fit la valeur de ses écrits, ce ne sont pas prioritairement les connaissances historiographiques qu'ils contiennent. Canguilhem ne travaillait pas au contact des fonds d'archives, les sources primaires qu'il mobilisait n'avaient rien d'original. En revanche, il excellait dans la re-problématisation de terrains déjà balisés par le travail des autres. Il savait mieux que personne réinterpréter la littérature existante. Cette inclination est déjà patente dans « La théorie cellulaire », dont le matériau historiographique est presque exclusivement tiré d'une étude antérieure de son collègue strasbourgeois Marc Klein. Ce que fait Canguilhem, c'est essayer de révéler le sens philosophique d'une histoire dont les jalons principaux étaient somme toute bien connus.

À la lumière de quoi réinterprète-t-il l'histoire ? La chose n'est pas douteuse : d'un bout à l'autre de sa trajectoire, du milieu des années 1940 jusqu'aux années 1970, c'est à la lumière de sa philosophie biologique que Canguilhem réordonne des matériaux historiographiques qu'il emprunte ici ou là. Autrement dit, même quand il semble faire de l'histoire, c'est en fait toujours de

1. J. Gayon, V. Petit, *La connaissance de la vie aujourd'hui*, Londres, ISTE Editions, 2018, p. 48

philosophie dont il est question. C'est bien pour cela qu'on y revient sans cesse, car ses textes ont un tonus qui dépasse largement le seul cadre de l'érudition historiographique. Ce tonus, c'est celui de sa philosophie du vital, qui, à compter de 1955, sera le moteur, souvent cachée, de son activité d'historien.

L'objectif de ce livre, à la faveur d'une relecture de *La connaissance de la vie*, était de rendre plus explicite et moins abstruse cette philosophie biologique, objet aussi déroutant que stimulant. On ne sort jamais complètement indemne d'une lecture d'un texte de Canguilhem, encore moins de *La connaissance de la vie*, très certainement son livre le plus riche. Ce n'est que jusqu'à un certain point qu'on peut espérer expliquer ce que renferme cette philosophie, sans que cela n'épuise les enseignements à retirer de sa fréquentation. Il faut donc voir le présent livre non pas comme un manuel ou un résumé, mais comme une carte permettant de s'orienter au sein des entrelacs d'une pensée si touffue, et ce, afin de passer les premiers obstacles qui pourraient être autant d'occasions de se décourager. Au-delà, c'est à chacun d'apprécier les bénéfices d'une lecture qui ne manquera jamais, car Canguilhem l'a voulu ainsi, d'être un effort.

BIBLIOGRAPHIE SÉLECTIVE

Comme nous l'avons indiqué dans l'introduction du présent livre, la littérature sur Canguilhem est devenue si abondante ces dernières années que nous nous bornons à présenter, dans cette bibliographie sélective, les études qui nous semblent les plus indiquées pour toute personne désireuse d'en apprendre davantage sur l'œuvre de ce philosophe. Nous avons privilégié ici les textes en français, bien qu'il existe désormais de nombreux travaux académiques, souvent de très bonne tenue, réalisés dans d'autres langues.

Études générales

Dans cet ensemble assez vaste, deux études sont à conseiller. On pourra commencer par la lecture de l'excellent *Que sais-je ?* que Dominique Lecourt, lui-même ancien étudiant de Canguilhem, a consacré à celui-ci en 2008 (l'ouvrage a ensuite été réédité plusieurs fois). De manière claire et accessible, l'auteur restitue très bien la philosophie de Canguilhem et le cheminement intellectuel de celui-ci.

Depuis cette date, ce sont incontestablement les introductions de Camille Limoges aux différents volumes des *Œuvres complètes* qui doivent être vues comme les études de référence. Camille Limoges, lui aussi ancien élève de Canguilhem à la fin des années 1960, a été en charge des tomes III, IV et V, parus respectivement en 2019, 2015 et 2018 (l'ordre de parution ne suit pas l'ordre de tomaison). Il y a bien sûr quelques redites d'une introduction à l'autre, mais cela permet aussi de constater comment Limoges progresse dans sa caractérisation des différents aspects de l'œuvre canguilhémienne. Nul doute que le tome VI, réalisé en tandem avec Pierre-Olivier Méthot, et dont le premier volume est actuellement sous presse, viendra offrir une perspective plus riche encore de la vie et de l'entièreté de l'œuvre de Canguilhem.

Le Canguilhem d'avant les études de médecine

Le Canguilhem de la fin des années 1920 et des années 1930 a longtemps été un « Canguilhem perdu » pour reprendre l'expression fort à propos de Jean-François Braunstein. Il a fallu attendre le tournant du XXe siècle pour que l'on commence à s'intéresser à la production philosophique, si éclairante pour la suite, de ce premier Canguilhem. Deux auteurs sont parvenus à jeter un regard fécond sur cette période longtemps demeurée invisible car on la pensait insignifiante.

Le premier est donc Jean-François Braunstein, qui dès 2000 a souhaité attirer l'attention sur ce « Canguilhem avant Canguilhem » à la faveur d'un article paru dans la *Revue d'histoire des sciences* dans le cadre d'un numéro spécial consacré à « Georges Canguilhem en son temps ». À la suite de quoi, Braunstein a tenu un rôle moteur au début de l'aventure des Œuvres complètes. Dans le tome I, son texte intitulé « A la découverte d'un « Canguilhem perdu » » est venu approfondir les pistes ouvertes à l'occasion de l'article précédent.

Une des premières études d'ampleur à avoir bénéficié de la mise à disposition des archives de Canguilhem au CAPHES (ENS, Paris) a été la thèse de Xavier Roth, devenue un livre en 2013 : *Georges Canguilhem et l'unité de l'expérience, Juger et agir, 1926-1939*. Ce livre est une synthèse sans équivalent sur les préoccupations philosophiques du jeune Canguilhem, fervent disciple d'Alain, dont il hérite une certaine lecture de Kant, celle de Jules Lagneau et Jules Lachelier. À côté de cet ouvrage de référence, Roth a aussi considérablement éclairci les liens entre Canguilhem et Bergson dans un article paru la même année dans la revue *Dialogue* : « Le jeune Canguilhem, lecteur de Bergson (1927-1939) ».

Canguilhem historien des sciences

Sur ce sujet moins travaillé qu'on aurait pu le penser, trois études sortent du lot. La première (le seul travail en anglais que nous indiquons dans cette bibliographie) est l'article publié en 2013 par Pierre-Olivier Méthot dans la revue *Studies in History and Philosophy of Science* et intitulé : « On the genealogy of concepts and experimental practices : Rethinking Georges Canguilhem's historical epistemology ». L'auteur montre, de manière tout à fait convaincante, que l'histoire des sciences envisagée par Canguilhem, si elle est bien une histoire des concepts, n'avait rien d'une perspective platonicienne seulement intéressée par la dimension abstraite de ces objets. Tout au contraire, dans ses études, Canguilhem privilégie l'analyse des techniques et des pratiques effectivement mises en œuvre par les scientifiques, ce par quoi ils produisent des résultats dont les concepts auront ensuite à rendre compte. Ce faisant, Canguilhem anticipe de plusieurs décennies le « tournant pratique » en histoire des sciences, c'est-à-dire justement cette insistance sur la dimension matérielle des savoirs.

Dans un travail très récent, paru dans le cadre d'un livre collectif consacré à la réception de Bachelard en France, Sophie Roux s'est intéressée à l'écart, remarquablement substantiel, entre les prescriptions de Bachelard concernant la méthode dite des « récurrences » en histoire des sciences, et la manière dont Canguilhem a subverti celle-ci au sein de sa conception de l'épistémologie historique. Cet écart pourra surprendre, tant Canguilhem a été identifié, et s'est du reste lui-même présenté, comme le successeur de Bachelard à la Sorbonne. Roux montre par le menu, sur la base d'une documentation sans faille, comment Canguilhem, contre Bachelard, a d'un bout à l'autre voulu donner à voir comment les progrès scientifiques étaient tributaires des aventures de la raison. Par là, il a redonné toute sa place et tout son sens philosophique a un problème impensé chez le philosophe de Bar-sur-Aube, celui de l'historicité de la raison. L'historicité de la raison rejoint très directement, chez Canguilhem, le caractère aventureux de la vie, dont on a vu dans le présent livre qu'il était déjà la force motrice de l'inventivité technique. Roux conclut cette étude magistrale en interrogeant les liens entre Cavaillès et Canguilhem sur cette question, deux philosophes préoccupés par la création de vérités *dans* l'histoire.

Enfin, dans l'introduction au tome III des œuvres complètes, introduction intitulée « Épistémologie historique et histoire épistémologique des sciences chez Georges Canguilhem », Camille Limoges donne un tableau inégalé du contour et du contenu de l'épistémologie historique canguilhémienne. Il montre notamment que la méthode propre de cet auteur, sa « déontologie de l'histoire des sciences », a bien été la « trace » de son « métier » puisqu'on en trouve la première expression en 1955 seulement, à l'occasion de sa thèse de philosophie sur la formation du concept de réflexe. Elle ira ensuite en s'affermissant, au fil de textes fameux comme « L'objet de l'histoire des sciences » (1966), « Qu'est-ce qu'une idéologie scientifique » (1969), « Le rôle de l'épistémologie dans l'historiographie scientifique contemporaine » (1976). Sur le point essentiel de « l'audace anticipative » de l'idéologie sur la raison, matérialisé par le concept historiographique d'« idéologie scientifique » chez Canguilhem, les interprétations de Limoges rejoignent celles de Roux.

Canguilhem et la biologie

La principale étude qui aborde le problème des rapports entre les travaux de Canguilhem et la biologie de son époque est un numéro spécial de la *Revue d'histoire des sciences* paru en 2018 et que nous avons eu le plaisir de diriger. Ce numéro rassemble cinq contributions qui rendent compte d'aspects différents de ces rapports et des incidences de ceux-ci sur la philosophie biologique canguilhémienne.

Dans l'article introductif, Isabel Gabel s'attache à réinscrire Canguilhem dans son milieu en montrant que, bien que la philosophie biologique fût un genre peu pratiqué dans les années 1930, comme nous l'avons vu, d'autres philosophes s'étaient essayés à utiliser la biologie comme matière étrangère. Elle en examine essentiellement deux, Raymond Ruyer et le condisciple de Canguilhem à l'ENS, Raymond Aron. En effet, avant de devenir la figure intellectuelle que l'on connaît, Aron avait formé le projet d'une thèse consacrée à la génétique, fondement de la nouvelle biologie du XXe siècle.

Ivan Moya Diez, pour sa part, revient sur une question récurrente de l'historiographie canguilhémienne, celle de l'importance des écrits du neuropsychiatre Kurt Goldstein dans l'essor des thèses centrales du *Normal et du pathologique*. Il est souvent fait état que, sur bien des points, Canguilhem aurait suivi Goldstein. Sur la base d'une exploration des archives des années 1940, Moya Diez montre qu'il n'en est rien et que Canguilhem a davantage rencontré Goldstein à la fin de son itinéraire intellectuel plutôt qu'il n'a été influencé par lui.

Nous y avons fait référence dans le chapitre 5 du présent ouvrage, la contribution de Pierre-Olivier Méthot à ce numéro spécial a consisté à revenir, dans une étude très fouillée et complète, sur le « problème de l'évolution » dans *Le normal et le pathologique*. Ce faisant, Méthot dresse un panorama très instructif de l'état de la question dans la biologie française de l'entre-deux-guerres et de la manière dont Canguilhem a pu prendre connaissance de celui-ci. Nous avons vu à quel point la question de l'évolution était décisive chez lui puisque, de manière ultime, sa conception relationnelle du normal et du pathologique trouvait sa légitimité dans la théorie de l'évolution, et plus particulièrement dans la logique propre du principe de sélection naturelle.

Dans son étude sur l'importance de la science des monstres (la tératologie) pour la philosophie canguilhémienne, Matteo Vagelli revient sur certains aspects de la période strasbourgeoise de ce dernier et notamment sur le dialogue qu'il instaura avec l'œuvre tératologique d'Étienne Wolff. La monstruosité a été un thème de questionnement constant pour Canguilhem, non seulement dans le cadre de sa philosophie biologique mais aussi pour son épistémologie historique. Le fait qu'il puisse exister une authentique science des monstres, où le monstrueux est compris comme un arrêt du développement embryonnaire, c'est-à-dire une variation quantitative du processus normal, joua de deux manières au moins. D'une part, cela indiquait qu'il n'existait pas de distinction ontologique entre le monstrueux et le normal, ce qui confortait l'idée que le pathologique ne peut être dit pathologique absolument, qu'il convient toujours de référer ce jugement au milieu dans lequel se trouve l'organisme. Mais d'autre part, cela tendait aussi à rétablir une continuité entre le normal et le pathologique, précisément parce que le monstrueux n'était pas fondamentalement autre.

Enfin dans notre étude sur la manière dont Canguilhem comprit l'essor de la biologie moléculaire, article qui vient clore ce numéro thématique, nous revenons sur la dimension paradoxale de son enthousiasme au cours de la période 1965-1970. En effet, bien que cette nouvelle science se caractérise en premier lieu par une conception radicalement cartésienne et réductionniste des cellules et des organismes, en tant qu'ils sont des agrégats de macromolécules comprises comme autant de nanomachines, Canguilhem, dans les textes où il s'exprime à ce sujet, ne s'inquiète pas de ce renouveau du mécanisme. Tout au contraire, il se montre extrêmement intéressé par la biologie moléculaire, car selon lui, l'identification de l'information génétique à une forme de langage serait l'occasion de réactiver l'idée que le concept est, littéralement, dans la vie. Partant, la vie serait bel et bien connaissable et le projet d'une connaissance de la vie serait alors profondément renouvelé. Nous montrons également que, discrètement, Canguilhem renonça à une telle possibilité d'une nouvelle connaissance de la vie à compter de 1970, et ce à la suite de sa lecture du livre de François Jacob, *La logique du vivant.*

La philosophie biologique canguilhémienne

La question de la philosophie biologique canguilhémienne est travaillée de manière plus ou moins directe dans de nombreux textes, dont certains ont été cités dans les sections précédentes. Si François Dagognet aborde bien ce sujet dans son livre *Georges Canguilhem, Philosophe de la vie*, on pourra regretter qu'il se contente surtout de reprendre les énoncés des principales thèses de Canguilhem, sans chercher à en expliciter davantage ni le contenu ni le projet qu'elles dessinaient.

La première étude d'envergure sur ce sujet est très certainement l'article que Jean Gayon a consacré au concept d'individualité dans la philosophie biologique de Canguilhem. Dans ce texte il propose, de manière très pertinente, qu'il existe une différence significative entre la « philosophie biologique » au sens de Canguilhem et la « philosophie de la biologie » telle que cette nouvelle discipline s'est développée plus récemment dans le monde académique anglo-saxon. C'est aussi dans cet article que la nécessité de la sélection naturelle pour cette philosophie biologique est la mieux rendue (rappelons ici que les travaux de Gayon sur Darwin et le darwinisme continuent aujourd'hui de faire autorité à l'échelle internationale). Gayon explique de manière limpide en quoi la théorie de la sélection naturelle a constitué un fondement objectif à la manière dont il faut entendre les concepts de normal et de pathologique. Il expose aussi très fermement la thèse peut-être la plus centrale de Canguilhem, celle de la vie comme connaissance, sur laquelle nous sommes revenus à plusieurs reprises tout au long du présent livre.

C'est à nouveau à Camille Limoges que l'on doit d'avoir montré comment et pourquoi cette philosophie biologique, souvent éclipsée par le rayonnement de l'épistémologie historique, a constitué ni plus ni moins que le fil directeur principal de l'œuvre entière de Canguilhem, du début des années 1940 jusqu'à la fin. C'était là le coup d'éclat de la première introduction qu'il a rédigée dans le cadre du projet d'édition des œuvres complètes, celle du tome IV (paru en 2015), intitulée « Philosophie biologique, histoire des sciences et interventions philosophiques, Georges Canguilhem, 1940-1965 ».

LITTÉRATURE CITÉE

Sources primaires

BACHELARD G., *La formation de l'esprit scientifique, Contribution à une psychanalyse de la connaissance objective*, Paris, Vrin, 1938.

BERGSON H., *La pensée et le mouvant*, Paris, Presses Universitaires de France, 1938 (2003).

– *L'évolution créatrice*, Paris, Puf, 1941 (2001).

CANGUILHEM G., *La formation du concept de réflexe aux XVIIe et XVIIIe siècles*, Paris, Puf, 1955.

– *La connaissance de la vie*, Paris, Vrin, 1965 (1992).

– *Le normal et le pathologique*, Paris, Puf, 1966 (2003).

– *Études d'histoire et de philosophie des sciences concernant les vivants et la vie*, Paris, Vrin, 1968 (2002).

– « L'objet de l'histoire des sciences », dans *Études d'histoire et de philosophie des sciences concernant les vivants et la vie*, Paris, Vrin, 1968 (2002), p. 9-23.

– « Dialectique et philosophie du non chez Gaston Bachelard », dans *Études d'histoire et de philosophie des sciences concernant les vivants et la vie*, Paris, Vrin, 1968 (2002), p. 196-207.

– « Le concept et la vie », dans *Études d'histoire et de philosophie des sciences concernant les vivants et la vie*, Paris, Vrin, 1968 (2002), p. 335-364.

– *Idéologie et rationalité dans l'histoire des sciences de la vie*, Paris, Vrin, 1977 (2000).

– « Rôle de l'épistémologie dans l'historiographie scientifique contemporaine », dans *Idéologie et rationalité dans l'histoire des sciences de la vie*, Paris, Vrin, 1977 (2000), p. 11-29.

– « Qu'est-ce qu'une idéologie scientifique », dans *Idéologie et rationalité dans l'histoire des sciences de la vie*, Paris, Vrin, 1977 (2000), p. 33-45.

– « La question de la normalité dans l'histoire de la pensée biologique », dans *Idéologie et rationalité dans l'histoire des sciences de la vie*, Paris, Vrin, 1977 (2000), p. 121-139.

– « Descartes et la technique », dans *Œuvres complètes, Écrits philosophiques et politiques, 1926-1939, Tome I*, Paris, Vrin, 2011, p. 490-499.

– « Activité technique et création », dans *Œuvres complètes, Écrits philosophiques et politiques, 1926-1939, Tome I*, Paris, Vrin, 2011, p. 499-509.

– « Note sur la situation faite en France à la philosophie biologique », dans *Œuvres complètes, Résistance, philosophie biologique et histoire des sciences, Tome IV*, Paris, Vrin, 2015, p. 307-320.

– « Entretien de Georges Canguilhem avec François Bing et Jean-François Braunstein», dans *Œuvres complètes, Histoire des sciences, Épistémologie et commémorations, 1966-1995, Tome V*, Paris, Vrin, 2018, p. 1281-1301.

CUÉNOT L., *Invention et finalité en biologie*, Paris, Flammarion, 1941.

DAGOGNET F., *Méthodes et doctrine dans l'œuvre de Pasteur*, Paris, Puf, 1967.

DOBZHANSKY T., *Genetics and the Origin of Species*, New York, Columbia University Press, 1937.

GIARD A., « Préface », dans J. Loeb, *La dynamique des phénomènes de la vie*, Paris, Alcan, 1908, p. V-XIV.

HOUSSAY F., *Forme, puissance et stabilité des poissons*, Paris, Hermann, 1912.

JACOB F., *La logique du vivant*, Paris, Gallimard, 1970.

MAYR E., *Systematics and the origin of species*, New York, Columbia University Press, 1942.

MONOD J., *Le hasard et la nécessité*, Paris, Seuil, 1970.

SIMPSON G.G., *Tempo and Mode in Evolution*, New York, Columbia University Press, 1944.

Sources secondaires

AZIZ-LUQUET M., *Le poisson et l'ingénieur, Frédéric Houssay (1860-1920) et le projet d'une mécanique des formes vivantes*, Paris, Matériologiques, 2025.

BRAUNSTEIN J.-Fr., « Canguilhem avant Canguilhem », *Revue d'histoire des sciences* 53, 1, 2000, p. 9-26.

– « À la découverte d'un « Canguilhem perdu » », dans *Œuvres complètes, Écrits philosophiques et politiques, Tome I*, Paris, Vrin, 2011, p. 101-137.

DAGOGNET Fr., *Georges Canguilhem, Philosophe de la vie*, Le Plessis-Robinson, Institut Synthélabo, Les empêcheurs de penser en rond, 1997.

DEGUY M., « Allocution de clôture », dans le collectif, *Georges Canguilhem, Philosophe, historien des sciences*, Paris, Albin Michel, 1993, p. 323-330.

GABEL I., « La biologie, la réflexivité et l'histoire. Réinscrire Canguilhem dans son milieu », *Revue d'histoire des sciences* 71, 2, 2018, p. 155-177.

GAYON J., « Le concept d'individualité dans la philosophie biologique de Georges Canguilhem », dans J. Gayon, M. Bitbol (dir.), *L'épistémologie française, 1830-1970*, Paris, Puf, 2006, p. 431-463.

– « Une expérience de sélection naturelle en conditions naturelles : L'Héritier, Neefs et Teissier, 1937 », dans L. Loison (dir.), *Le laboratoire CNRS de génétique évolutive de Gif, De part et d'autre de l'œuvre de Georges Teissier*, Paris, Hermann, 2014, p. 65-80.

GAYON J., PETIT V., *La connaissance de la vie aujourd'hui*, London, ISTE Editions, 2018.

GAYON J., PRADEU T. (textes réunis par), *Philosophie de la biologie*, Paris, Vrin, 2 volumes, 2021.

LIMOGES C., « Philosophie biologique, histoire des sciences et interventions philosophiques, Georges Canguilhem, 1940-1965 », dans *Œuvres complètes, Résistance, philosophie biologique et histoire des sciences, Tome IV*, Paris, Vrin, 2015, p. 7-48.

– « La confirmation de l'historien des sciences et la mise à l'épreuve de sa philosophie biologique : Georges Canguilhem 1966-1995 », dans *Œuvres complètes, Histoire des sciences, épistémologie, commémorations, 1966-1995, Tome V*, Paris, Vrin, 2018, p. 7-60.

– « Épistémologie historique et histoire épistémologique des sciences chez Georges Canguilhem », dans *Œuvres complètes, Écrits d'histoire des sciences et d'épistémologie, Tome III*, Paris, Vrin, 2019, p. 7-123.

LECOURT D., *Georges Canguilhem*, « Que sais-je ? », Paris, Puf, 2008.

LOISON L., « Un enthousiasme paradoxal ? Georges Canguilhem et la biologie moléculaire (1966-1973) », *Revue d'histoire des sciences* 71, 2, 2018, p. 271-300.

– *Canguilhem et la biologie*, numéro thématique de la *Revue d'histoire des sciences* 71, 2, 2018, p. 147-300.

MÉTHOT P.-O., « On the genealogy of concepts and experimental practices : Rethinking Georges Canguilhem's historical epistemology », *Studies in History and Philosophy of Science, Part A* 44, 1, 2013, p. 112-123.

– « Georges Canguilhem et le « problème de l'évolution » dans *Le Normal et le pathologique* », *Revue d'histoire des sciences* 71, 2, 2018, p. 205-241.

MOYA DIEZ I., « Canguilhem avec Goldstein : De la normativité de la vie à la normativité de la connaissance », *Revue d'histoire des sciences* 71, 2, 2018, p. 179-204.

ROTH X., *Georges Canguilhem et l'unité de l'expérience, Juger et agir 1926-1939*, Paris, Vrin, 2013.

– « Le jeune Canguilhem, lecteur de Bergson (1927-1939) », *Dialogue* 52, 4, 2013, p. 625-647.

ROUX S., « L'historicité des sciences comme problème : Canguilhem », dans L. Fabry, S. Roux (dir.), *Bachelardismes et anti-bachelardismes en France : Controverses épistémologiques des années 1960*, Paris, Classiques Garnier, 2025, p. 47-78.

VAGELLI M., « De la science des monstres : Canguilhem et la tératologie expérimentale d'Étienne Wolff », *Revue d'histoire des sciences* 71, 2, 2018, p. 243-270.

INDEX DES NOMS

Le nom de Canguilhem revenant trop souvent, il n'a pas été pris en compte dans cet index.

TABLE DES MATIÈRES

Achevé d'imprimer en juillet 2025
sur les presses de
La Manufacture - Imprimeur – 52200 Langres
Tél. : (33) 325 845 892
N° imprimeur 250493 – Dépôt légal : juillet 2025
Imprimé en France